SONNETS

TRADUITS

DE PÉTRARQUE

PAR MADAME

S. EMMA MAHUL

DES COMTES DEJEAN

Membre honoraire de diverses Académies de Sicile

TROISIÈME ÉDITION

REVUE, CORRIGÉE ET AUGMENTÉE DE LA TRADUCTION DE DIFFÉRENTES POÉSIES
DE PÉTRARQUE, ETC.

PARIS

..AIRIE DE FIRMIN DIDOT FRÈRES, FILS ET C.ⁱᵉ

RUE JACOB, 56

1870

CHOIX DE SONNETS
TRADUITS
DE PÉTRARQUE

Paris. — Imprimerie Ad. Lainé et J. Havard, rue des Saints-Pères, 19.

CHOIX DE SONNETS

TRADUITS

DE PÉTRARQUE

PAR MADAME

S. EMMA MAHUL

DES COMTES DEJEAN

Membre honoraire de diverses Académies de Sicile

TROISIÈME ÉDITION

REVUE, CORRIGÉE ET AUGMENTÉE DE LA TRADUCTION
DE DIFFÉRENTES POÉSIES DE PÉTRARQUE, ETC.

PARIS
LIBRAIRIE DE FIRMIN DIDOT FRÈRES, FILS ET Cie
RUE JACOB, 56
—
1869

AVERTISSEMENT

DE LA PRÉSENTE ÉDITION

C'est une prétention qu'il semble difficile de justifier que celle de publier plusieurs recueils d'une traduction des sonnets de Pétrarque également intitulés : *Choix de sonnets*, et destinés à en compléter la totale traduction.... expression cependant bien simple à expliquer, puisque notre choix a toujours consisté à combiner chaque recueil de façon à donner au lecteur sur la série des faits, sur la transformation ou la lutte des sentiments, et sur la facture de l'auteur traduit, des idées justes dans un aperçu de l'ensemble.

Voici, en effet, ce que disait le bref avertissement de la première édition sous le titre de : *Cent cinquante sonnets et huit morceaux complémentaires traduits des sonnets de Pétrarque*, texte en *regard. Paris, Firmin Didot frères, imprimeurs de l'Institut*, 1847.

« Ceci n'est point précisément un *choix de son-*
« *nets;* c'est l'exacte moitié d'une traduction des
« trois cent dix-sept sonnets de Pétrarque qu'on
« espère pouvoir terminer un jour. Afin de donner
« dès à présent, par la succession des incidents, une
« idée à peu près complète de cet auteur, plus sou-
« vent nommé que véritablement connu, on s'est
« imposé de le suivre dans l'ordre numérique de
« ses sonnets et d'en rendre autant que possible
« dix sur vingt. »

Notre seconde édition publiée sous nos noms, à Florence, en 1867, chez les héritiers Botta, imprimeurs de la chambre des députés italienne, est avec plus d'exactitude encore intitulée: *Choix de sonnets*, étant moins étendue, bien qu'elle contienne une trentaine de sonnets inédits.

Nous y avons suffisamment expliqué dans la préface, pour ne pas les développer de nouveau, les causes qui mirent tant d'intervalle entre les deux premières éditions, intervalle qui a pu permettre à une femme française de sortir de l'anonyme. Bornons-nous à dire que dans deux périodes d'égale longueur, la première de ces causes qui hâta l'impression du recueil de 1847, en nous rendant impossible de le perfectionner, fut une atroce maladie du nerf optique qui nous priva de la clarté plus de quatre ans et eut d'interminables suites ; la seconde cause du retard fut le vif intérêt de l'époque actuelle qui nous suggéra les dix années suivantes des voyages à peu près continuels en Italie et en Sicile pendant lesquels nous ne pouvions écrire qu'en courant : sous l'impression des événements politiques, des vers remplis d'espérances et de triomphes : sous celle des transformations sociales, des dissertations la plupart satiriques, également versifiées.

On ne trouvera donc que rarement, à nos traductions, la date des villes italiennes où nous avons séjourné à côté de celle des divers sites de France où, dans plusieurs longues convalescences, nous improvisions, en quelque sorte, à travers des paysages plus beaux que celui de Vaucluse, sinon aussi singuliers, des sonnets que nous n'aurions pas su écrire à tête reposée à notre bureau. Si la date de Vaucluse ne s'y remarque pas, c'est, comme nous l'avons expliqué dans la susdite préface de 1867, parce qu'à l'époque où M. Mahul était préfet d'Avignon, la jeune *préfette*, enthousiaste de Pétrarque, et qui savait se faire une provision de souvenirs, était trop jeune pour *oser* traduire en vers même une passion classique, trop jeune pour aborder de telles difficultés grammaticales, quoique initiée dès l'enfance à la langue italienne par circonstances de famille.

En considération des diverses particularités sus-énoncées qui doivent nous avoir aidée sous certains aspects dans cette entreprise, nous prierons humblement le lecteur d'être indulgent pour les inadvertances qui pourraient se rencontrer dans notre travail, notre maladie de la vue nous privant habituellement de recourir aux commentaires et aux bibliothèques, et nous réduisant au seul secours des notions que le parcours des lieux, les renseignements verbaux ou la mémoire peuvent fournir.

S. Emma MAHUL,

née DEJEAN.

Livourne, 1868.

N. B. Les sonnets inédits sont marqués d'une *.

Les notes nécessaires à l'intelligence des sonnets sont marquées en chiffres et placées à la fin du volume, après les variantes.

Les notes relatives à l'interprétation du texte, notes biographiques, traductions de commentateurs, etc., sont placées après les précédentes, sans renvois.

* INVOCATION

DE LA TRADUCTRICE.

Dans des sonnets boiteux à la rime vulgaire
Enfermant le poëte et sa dame avec lui,
De mon Pétrarque en vain j'ai recherché l'appui ;
Hélas ! j'aurais bien fait, bien mieux fait de me taire !

Mais des longs jours d'été, quand le temps est contraire,
Le moyen en ces lieux de conjurer l'ennui ?
Depuis longtemps leur astre à mes yeux avait lui,
A sa douce influence ai-je pu me soustraire ?

Venez donc à mon aide, ô mes hôtes chéris ;
Pétrarque, prête-moi ces syllabes pressées,
Ce grand style où toujours transparent les pensées ;

Laure, épanche sur moi, du haut du paradis,
La grâce, la douceur, et la sainte noblesse,
Qui donnaient à ton front l'immortelle jeunesse !

Fontenay-aux-Roses, juin 1845.

Une idée dans un sonnet, c'est une goutte d'essence dans une larme de cristal.

SAINTE-BEUVE.

LA VENGEANCE D'AMOUR.

(Per far una leggiadra sua vendetta)

Tel un homme pour nuire attend l'heure propice,
Tel l'Amour ressaisit son arc en tapinois,
Pour punir mille affronts, pour recouvrer ses droits,
Et faire en se vengeant une insigne malice.

Ma vertu dans mon cœur, sans craindre d'artifice,
Comme en un fort solide et fidèle à ses lois,
Croyait braver ces dards émoussés tant de fois,
Lorsque le trait mortel jusqu'en ce cœur se glisse.

Troublé par la vigueur de ce premier assaut,
L'espace me manquant, faible, pris en défaut,
Je ne songeai pas même à recourir aux armes :

Il est un lieu sublime entre tous élevé ;
En bravant la fatigue, on arrive sauvé :
Je n'y sus point courir, et je verse des larmes !

Fontenay-aux-Roses, décembre 1843.

IL RAPPELLE SON DÉSIR ÉGARÉ.

(Sì traviato è 'l folle mio desio)

Quel désir insensé! quelle folle espérance!
Elle tourne, elle fuit, et moi je suis ses pas;
Légère, de l'Amour elle rompt tous les lacs,
Et, quand je veux courir, s'envole et me devance.

Reviens, pauvre désir, prends avec assurance
Une meilleure voie. Il ne m'écoute pas;
Je l'aiguillonne au bien, mais l'on sait trop, hélas!
Qu'Amour, maître une fois, doit garder la puissance!

Il tient mes vœux en main, il a dompté mon cœur,
Et nous restons captifs de ce rude seigneur,
Qui, malgré mes soupirs, à la mort nous transporte.

Pour tout soulagement je goûterai du fruit
De l'orgueilleux laurier : son ombre attire et nuit.
Son fruit enivre, hélas! plus qu'il ne réconforte!

EXHORTATION A L'ÉTUDE.

(La gola, e 'l sonno e l' oziose piume)

Le duvet, le sommeil, l'ignoble gourmandise[1],
Rendent dans notre temps les vertus hors de mise,
Tellement que, vaincue en sa marche, l'on voit
La nature céder à l'usage son droit.

Cette clarté d'en haut, désirée et promise,
Sur laquelle des mœurs toute règle est assise,
Ou s'altère, ou se voile, et l'on se montre au doigt
Qui cherche à l'Hélicon l'onde pure qu'il boit.

Pauvre, nue et sans pain va la philosophie.
— Quels fruits retire-t-on du myrte ou du laurier?
Dit la tourbe. — Et le gain tient leur âme remplie.

Tu t'en iras bien seul dans le divin sentier,
Noble esprit; eh bien ! moi, d'autant plus je t'anime
A ne pas délaisser ton dessein magnanime.

ADRESSÉ DE LA CAMPAGNE A STEFANO DELLA COLONNA.

(Gloriosa Colonna, in cui s'appoggia)

Glorieuse Colonne à laquelle s'appuie
Toute notre espérance et le grand nom latin,
Que n'a point arrachée encor du droit chemin
L'ire de Jupiter et l'orageuse pluie ;

Ici, point de palais où la grandeur s'ennuie,
De théâtre émouvant; mais un if, mais un pin
Au sein de l'herbe verte, et le coteau voisin
Où, montant, la rosée à notre pied s'essuie.

— Si nos pas sont errants, notre esprit est aux cieux. —
Puis le doux rossignol, qui seul chante dans l'ombre,
Se lamente et se plaint dès que vient la nuit sombre;

Sa voix éveille en nous des pensers gracieux.
Toi seul manques aux biens que le sort nous dispense ;
Pourquoi donc nous priver, Seigneur, de ta présence ?

* IL SE COMPARE AU PÈLERIN DU SAINT SUAIRE ².

(Movesi 'l vecchierel canuto e bianco)

Il va, ce bon vieillard, par l'âge appesanti ;
Des lieux où s'achevait sa paisible journée
Il s'éloigne, laissant sa famille étonnée
De voir que pour si loin sans guide il soit parti.

Sa hanche fatiguée à grand'peine traînée,
Le poids plus lourd des ans l'aurait anéanti,
S'il n'était soutenu dans son pieux parti
Par la douce espérance en son cœur ramenée.

Et suivant jusqu'au bout le vœu son seul appui,
A Rome il vient baiser l'image de celui
Qu'il compte bien revoir dans la céleste sphère.

— Ainsi je vais partout cherchant, Dame si chère,
A retrouver épars quelques traits en autrui
De ta beauté charmante et qui me désespère.

* LAURE PRÉSENTE OU RETIRÉE.

(Piovonmi amare lagrime dal viso)

Les larmes pleuvent de mes yeux,
Semblable au vent mon cœur soupire
Quand je vous vois et vous admire,
Vous hors qui tout m'est odieux.

Cependant j'avoue être mieux
Sitôt que votre humain sourire,
Pour apaiser ce dur martyre,
Luit à mon regard soucieux.

Mais bientôt mon esprit se glace
Si je vous vois quitter la place,
Menant mes astres n'importe où :

Avec les clefs qu'Amour lui donne
Mon âme sort de ma personne
Pour les suivre alors et partout.

* IL SE VEUT COMPARER A CERTAINS PAPILLONS.

—

(Sono animali al mondo di sì altera)

Il est des animaux de force visuelle
A pouvoir fixement regarder le soleil,
Et d'autres dont la vue en sa faiblesse est telle
Qu'ils ne doivent sortir qu'à l'heure du sommeil;

D'autres, fous et légers dans leur pauvre cervelle
Au point, voyant le feu briller vif et vermeil,
D'y rêver un plaisir : et leur mort est cruelle.
Hélas! c'est à ceux-ci que je me rends pareil!

Non, je ne sais attendre en mon impatience
Que de Laure vers moi vienne l'aimable feu,
Je ne sais m'abriter dans l'ombre en humble lieu;

Je ne sais m'attarder par prudente science :
L'œil en pleurs et malade, et trop vite et trop tôt
Vers elle m'élançant, je brûle, ou peu s'en faut!

* IL ÉVOQUERA SES SOUVENIRS POUR CHANTER SA DAME.

(Vergognando talor ch' ancor si taccia)

Rougissant qu'en mes vers aussi longtemps se taise
L'éclat de vos beautés que par moi l'on saura,
Je veux vous évoquer telle qu'il ne sera
Nulle femme jamais qui comme vous me plaise.

A mon faible talent cette entreprise pèse;
A polir le travail bien mal s'adaptera
Ma lime qui se rouille, et de moi l'on rira...
Je recule, et retarde, et me sens mal à l'aise.

Sur mes lèvres déjà la louange apparut;
Puis la voix, demeurant dans le gosier, se tut,
Du renom qu'on vous doit n'atteignant pas le faîte.

Que de fois je traçai des vers inachevés!...
Mais la plume, les mots, les esprits énervés,
S'arrêtaient en chemin, avouant leur défaite !

ÉCHAPPÉE A UNE GRAVE MALADIE, LAURE LUI APPARAIT ET LE RASSURE.

(Già fiammeggiava l'amorosa stella)

L'étoile de Vénus se montrait radieuse
Au seuil de l'orient; rivale de Junon,
L'Ourse avait ramené dans le septentrion
Son cortége de feux, rapide et lumineuse.

La vieille se levait, intrépide fileuse,
D'un souffle haletant ranimant le charbon,
Et déjà les amants ressentaient l'aiguillon
Qui rend fertile en pleurs la saison amoureuse.

Mon espérance alors arriva dans mon cœur,
Prenant pour s'y glisser une voie inconnue,
Les pleurs et le sommeil interceptant ma vue.

Comme elle était changée et pleine de langueur !
Elle semblait parler et me disait : « Courage !
« Il ne t'est point ôté de revoir ce visage. »

IL DEMANDE A APOLLON LE RETOUR DU BEAU TEMPS POUR ACHEVER LA GUÉRISON DE LAURE.

(Apollo, s'ancor vive il bel desio)

Apollon! si toujours en toi vit le désir
Qui t'enflamma jadis aux rives du Pénée;
Si des beaux cheveux blonds dont *elle* était ornée
Le long retour des ans te laisse un souvenir;

De cette âpre saison qui nous fait tant pâtir
Quand tu caches tes traits, de la bise obstinée
Défends le vert feuillage où notre destinée
Devait nous amener tous les deux pour souffrir.

Je t'en conjure, ô dieu, par l'espérance amie
Qui ranimait ta course et soutenait tes pas[3],
Rends ta douce chaleur à la terre engourdie;

Écarte les vapeurs, dissipe les frimas :
Et nous verrons alors notre dame chérie
S'asseoir sur l'herbe en fleur, s'ombrageant de ses bras !

* L'EXIL RUSTIQUE.

(Solo e pensoso i più deserti campi)

Seul par les champs je vais, triste et pensif,
Les mesurant d'un pas lent et tardif;
Et pour la fuir, mon œil, sur cette arène,
Cherche avec soin la moindre trace humaine.

Échapperais-je, étant moins attentif,
Aux sots discours, à maint regard furtif,
Car du dehors l'attitude sereine
Trahit le feu qui dévore ma veine?

Or, cependant, les coteaux savent mieux,
Et les vallons, et le fleuve et sa plage,
Quel est mon sort que tous ces envieux;

Mais il n'est point de site assez sauvage
Pour que l'Amour ne sache m'y trouver,
Et nous causons quand je pense rêver !

A ORSO, COMTE DELL' ANGUILLARA.

IL SE PLAINT DE CE QUE LAURE LUI DÉROBE SES REGARDS.

(Orso, e' non furon mai fiumi ne stagni)

Orso, jamais de lac, ou de fleuve, ou d'étang;
Jamais de mer, prenant les tributs de sa plage;
Jamais l'ombre d'un mur, d'un coteau, d'un bocage,
Ni d'un nuage épais qui sur le ciel s'étend;

Jamais obstacle, enfin, ne me désola tant,
Parmi ceux que l'on sait entraver davantage,
Qu'un obstacle charmant placé sur *son* visage :
Il me cache ses yeux et me va tourmentant.

Parfois, pour m'attrister, sa paupière s'abaisse;
Faut-il en accuser la pudeur ou l'orgueil?
Je l'ignore, mais sens que je marche au cercueil;

Tantôt sur ces beaux yeux c'est sa main qui se presse,
Main blanche toujours prête à me remplir de deuil,
Pour mes regards ardents inévitable écueil.

LE SOLEIL RESTE CACHÉ, TANDIS QUE TOUT SE RÉJOUIT DU RETOUR DE LAURE.

(Il figliuol di Latona avea già nove)

Déjà jusqu'à neuf fois le blond fils de Latone
A regardé ces lieux du balcon souverain,
Y cherchant celle-là qu'il poursuivit en vain :
Or de nos vains soupirs, qui l'osera, s'étonne.

Jetant de tous côtés ce coup d'œil qui rayonne,
Il sonde nos logis, la demande au lointain,
Hésite, pleure et rit : d'un jugement peu sain,
Tel le piteux jouet qui d'amour déraisonne.

De ne plus voir ses yeux, tout triste, il disparaît;
(Ces yeux que j'ai chantés et couverts et sans voiles [4],
Et que je veux placer au nombre des étoiles!)

Et ces mêmes beaux yeux, mouillés par le regret [5],
N'ont pas vu les transports qu'excitait leur présence;
Et l'air reste chargé d'une sombre influence.

* LAURE A SON MIROIR.

(Il mio avversario, in cui veder solete)

Cet adversaire où vous mirez les yeux
Que dote Amour de sa plus vive flamme,
Chaque matin vous-même vous enflamme
Pour des beautés dignes en tout des cieux,

Beautés d'emprunt dont il est glorieux.
— Et vous m'avez, sur son conseil, Madame,
Proscrit, chassé... J'ai tort si je vous blâme :
Il est trop doux d'habiter en ces lieux.

Mais puisqu'ici j'avais rivé ma chaîne,
Qu'eut-il besoin, ce perfide miroir,
Par votre aspect de vous rendre si vaine?

J'étais à vous. — Vous aimez à vous voir :
Songez combien Narcisse était superbe,
Et son orgueil... On le cherche dans l'herbe.

* MÊME SUJET.

(L'oro e le perle e i fior vermigli e i bianchi)

L'or et les fleurs vermeilles ou candides [6],
Qu'au moins l'hiver devrait faire languir,
Ont pour mon cœùr des épines perfides
Dont le venin se fait trop bien sentir.

Si dans les pleurs s'en vont mes jours rapides
(Plus que le temps la douleur fait vieillir),
Je ne m'en prends qu'aux miroirs homicides
Que vos beautés fatiguent à plaisir.

A mon Seigneur ils imposent silence :
Amour pour moi priait, Amour s'est tu,
Voyant qu'en vous est votre complaisance.

C'est des enfers qu'ils tiennent leur vertu ;
Teints dans l'abîme ils en ont la puissance,
Et de ma mort je leur dois la naissance.

IL EST ALLÉ REVOIR LES BEAUX YEUX SANS LESQUELS IL NE PEUT VIVRE.

(Io sentia dentr'al cor già venir meno)

Sentant au fond du cœur s'éteindre ces esprits
Qui recevaient de vous l'aliment et la vie,
Cédant à la nature, à la puissante envie
Dont s'aide l'animal que la mort a surpris ;

J'ouvris la porte aux vœux maintenant désappris
A courir cette route où l'Amour les convie,
Et qu'une autre à regret et de force suivie
Conduit en d'autres lieux. Quel essor ils ont pris !

Ils m'ont mené vers vous, résistant, plein de honte,
Voulant revoir ces yeux que j'ai peur de fâcher,
Admirant leur beauté, mais craignant d'approcher.

Je vivrai désormais ; leur action est prompte :
Un seul de vos regards m'empêche de périr,
Et j'y retournerai si je ne veux mourir.

DÉCEPTIONS.

(Se col cieco desir che 'l cor distrugge)

Si l'aveugle désir dont mon cœur est détruit
Ne m'a pas abusé, c'est l'heure, ce me semble :
Je parle, le temps vole, et ce temps qui s'enfuit
Au pardon, au bonheur était promis ensemble.

Quelle ombre malfaisante à la semence nuit
Quand le fruit souhaité se forme, se rassemble?
Au sein de mon bercail quel loup s'en vient la nuit?
Quel mur entre ma main et l'épi blond qui tremble?

Je ne le sais, hélas! mais je comprends assez
Que, pour faire ma vie amère et douloureuse,
Amour sut me bercer d'espérance joyeuse ;

Et je me souviens mieux de ces mots fort sensés :
« Peut-on dire *homme heureux* l'homme à qui reste à vivre,
« Avec sa chance, un jour? » Je les lus dans un livre.

A MESSER AGAPITO,

EN LUI ENVOYANT QUELQUES PRÉSENTS.

(La guancia che fu già piangendo stanca)

Ami, sur le premier votre tête affaissée [7]
Reposera les pleurs dont sa face est lassée ;
Mais soyez désormais plus avare de vous
Envers ce dieu cruel qui nous fait blanchir tous.

Que ma seconde offrande, à main gauche fixée,
Contre ses messagers en obstacle placée,
D'août et de janvier vous évitant les coups,
Laisse au Temps vos longs jours, grâce à ces soins jaloux.

Dans la troisième, enfin, vous boirez d'un suc d'herbe
Salutaire à la fin s'il est d'abord acerbe
Et qui purge le cœur des pensers soucieux.

Mis au nombre par vous des objets précieux,
Que mes vers et que moi nous n'ayons rien à craindre
Même du noir Caron, s'il venait à m'atteindre.

* IMPRÉCATION CONTRE LE LAURIER.

(L'arbor gentil che forte amai molt'anni)

De l'arbre, aimable objet d'un amour plein de force
Qu'alimenta longtemps un orgueilleux dédain,
L'ombre faisait fleurir mon génie incertain
Qui croissait, attiré par une vaine amorce;

Mais plus tard, ayant vu sous quelle dure écorce
Disparaissait un cœur toujours plus inhumain,
J'élevai mes regards vers le but souverain,
Faisant avec l'erreur un éternel divorce.

Et peut-être voici que les mêmes langueurs
S'exhalent pour l'objet de mes jeunes douleurs,
Quand par un noble essor s'envolaient mes pensées!

Tout poëte à jamais te fuie, arbre trop cher;
Sois en haine à Phébus ainsi qu'à Jupiter,
Et vois tes feuilles choir, sèches et dispersées.

* IL BÉNIT L'ORIGINE ET LES EFFETS DE SA PASSION.

(Benedetto sia 'l giorno e 'l mese e l'anno)

Bénis soient et le jour et le mois et l'année,
La saison soit bénie, et l'heure et le moment ;
Béni soit le pays, le rivage charmant
Où fut ma liberté par deux yeux enchaînée.

Bénis, le doux effroi de mon âme étonnée
Se voyant à l'Amour unie étroitement ;
L'arc qui fut de mes maux le premier instrument,
La blessure à mon cœur par ses traits amenée.

Bénis, les chants, la voix et les plaintifs désirs,
Les cris et les langueurs, les pleurs et les soupirs
En tous lieux répandus en appelant ma Dame ;

Bénis tous ces feuillets où son nom retentit,
Et béni soit pour elle et par elle l'esprit
Dont il ne reste rien pour aucune autre femme.

LAURE EST PRIÉE DE NE HAIR NI SON SÉJOUR NI LE CŒUR DU POÈTE.

(Se voi poteste per turbati segni)

Si vous venez à bout par une froide mine,
En détournant la tête ou cet œil qui s'incline,
En étant prompte à fuir, en prenant l'air altier
Pour recevoir les vœux dont j'ose vous prier,

Ou par d'autres moyens qu'une femme imagine,
D'arracher ces rameaux qu'au fond de ma poitrine
Greffa jadis Amour de votre beau laurier,
Vos dédains se pourront alors justifier.

Dans un terrain ingrat meurt une noble plante ;
Il faut l'en retirer, et l'on doit l'excuser
De montrer en partant une joie innocente ;

Mais puisque le Destin, sans vous rien déguiser,
Dans ces lieux, dans mon cœur a fixé votre asile,
Voyez votre prison d'un regard plus tranquille.

LE MEILLEUR DES REMÈDES.

(I begli occhi, ond' i' fui percosso in guisa)

Les beaux yeux dont je fus de la sorte blessé
Qu'eux-mêmes seuls pourraient en guérir la blessure,
Sans que l'art des devins, s'aidant de la nature,
Pût apporter remède à ce cœur transpercé,

D'avec tout autre amour m'ont si fort divorcé
Qu'un seul, un doux penser m'apaise et me rassure;
Mais la langue serait et folle et sans mesure
D'expliquer ce nectar dont mon mal est pansé.

Ces beaux yeux sont les yeux qui verront la victoire
D'un roi victorieux : son règne au loin s'étend [8],
Et dans mon cœur surtout a retenti sa gloire;

Ces beaux yeux sont les yeux dont la force se sent,
Comme on sent une flèche et rapide et brûlante;
L'effet en est certain : je le prouve et le chante.

Pise, janvier 1860.

* A UN AMI.

LA PRISON D'AMOUR LUI EST CHÈRE.

(Amor con sue promesse lusingando)

Amour, en me leurrant d'espérances flatteuses,
Sut me conduire encore à l'antique prison;
Il en remit les clefs dans ces mains rigoureuses
Qui, m'enfermant le cœur, me volent ma raison.

Captif, je m'aperçus de cette trahison,
Et libre, quand j'échappe à ces tours ténébreuses
(Le serment doit ici paraître de saison),
Je maudis mes efforts et mes ruses heureuses.

Mon front et mes regards sont empreints de douleur;
Je vais d'un pas pesant, d'une allure incertaine,
Ainsi qu'un prisonnier tout chargé de sa chaîne.

Quand ton œil bienveillant aura vu ma pâleur,
Tu diras : « Si j'en juge à sa triste semblance,
« A la mort celui-ci rapidement s'avance. »

A SIMON MEMMI, SUR LE PORTRAIT DE LAURE.

(Per mirar Policleto a prova fiso)

Polyclète et tous ceux avec lui qui jadis
Voulurent enchaîner l'art et la renommée,
En mille ans n'ont point vu leur prunelle charmée
D'un seul trait des beautés dont mon cœur est épris.

Mais certes, cher Simon, tu fus au paradis
Avant que n'en sortît ma dame bien-aimée ;
Sur le blanc parchemin son image animée
Par ta main fut tracée, et tu redescendis.

L'œuvre est de celles-là qu'au pays des étoiles
On peut imaginer et non point parmi nous
Où les sens à l'esprit opposent d'épais voiles.

Tu m'en as fait le don, le monde en est jaloux.
Il fallut te hâter : revenu sur la terre,
Tes yeux auraient dans l'ombre oublié la lumière.

MÊME SUJET.

(Quando giunse a Simon l'alto concetto)

Lorsque vint à Simon le projet plein d'honneur
Qui les pinceaux en main lui mit en ma faveur,
S'il avait su donner à cette aimable image
La parole et l'esprit avec le doux visage,

Combien, de ses soupirs en soulageant mon cœur,
Il m'eût rendu plus cher un objet de douleur !
Car lorsque je *la* vois si tranquille et si sage,
Je crois que de la paix sa mine est un présage ;

Puis, si je veux alors avec elle parler,
Assez bénignement elle semble m'entendre ;
Mais son silence, hélas ! revient me désoler.

Heureux Pygmalion ! d'une beauté plus tendre
Que tu dus te louer quand ton marbre, autrefois,
Ce que je n'eus jamais te donna mille fois !

* IL CRAINT POUR SON SALUT.

(Io sono sì stanco sotto 'l fascio antico)

O fardeau trop pesant et trop bien affermi !
O poids de mes péchés et de mes mœurs coupables !
Sur la route je crains, à ce point tu m'accables,
De faiblir, de tomber aux mains de l'ennemi.

Si pour nous délivrer le véritable ami
Fut envoyé jadis, ô décrets adorables !
A nos faibles regards les cieux impénétrables
Ont dérobé son vol, qu'ils suivaient à demi.

Mais de là-haut sa voix se fait encore entendre :
« Vous tous qui travaillez, c'est ici le chemin ;
« Venez, venez à moi ; je saurai vous défendre. »

Quel amour, quelle grâce, ô Seigneur ! quel destin
De la colombe, enfin, me donnera les ailes
Pour trouver mon repos aux régions nouvelles ?

DIALOGUE ENTRE LE POÈTE ET SES YEUX.

(Occhi, piangete; accompagnate il core)

P.
Pleurez, pleurez, mes yeux, accompagnez mon cœur ;
Vous avez failli seuls, et sa mort est cruelle.
Y.
C'est ce que nous faisons ; mais cette cause est telle
Que le péché d'autrui nous compte pour erreur.
P.
C'est par vous que jadis l'Amour à tire d'aile
Entra dans ce logis dont il est le seigneur.
Y.
Par cet espoir qui naît dans celui qui se meurt,
Vous et nous, de concert, perdions ce cœur fidèle.
P.
Le partage n'est pas, comme il vous semble, égal :
Que ne songeâtes-vous à votre commun mal,
Moins ardents à vous perdre à la première vue ?
Y.
C'est là surtout l'objet de nos pleurs véhéments ;
Mais d'un autre est la faute, imparfaits jugements !
Et par lui contre nous la sentence est rendue.

LAURE A COMPRIS L'EFFET DE SES YEUX.

(Sì tosto, come avvien che l'arco scocchi)

La corde de son arc à peine est détendue,
Qu'un bon archer de loin sait discerner au mieux
Quel trait va droit au but, auquel l'estime est due,
Quel autre a mérité son mépris soucieux.

Ainsi vous avez vu la flèche de vos yeux
Sans hésiter, Madame, en mon cœur descendue.
Par mes pleurs éternels, d'un coup pernicieux
Vous connaîtrez l'effet, la profonde étendue.

Peut-être avez-vous dit avec compassion :
« Pauvre amant! où le mène, hélas! sa passion?
« Voilà le dard fatal dont Amour veut qu'il meure. »

— Mais, me voyant dompté, sans doute qu'à cette heure
Mes cruels ennemis ne cherchent plus ma mort :
A me faire souffrir ils bornent leur effort.

L'AMOUR SURVIT A LA BEAUTÉ QUI L'A FAIT NAITRE.

(Erano i capei d'oro all'aura sparsi)

Zéphyre déployait l'or de sa chevelure,
Son souffle la mêlait en agréables nœuds ;
De ses yeux s'échappaient des rayons lumineux ;
Ils n'en ont plus, hélas ! qu'à petite mesure !

Paraissant révéler un cœur moins rigoureux,
Une tendre rougeur animait sa figure ;
Le mien, sans doute, eut tort d'en accepter l'augure,
Mais il portait l'amorce et jeta mille feux.

Sa démarche était loin de ressembler à celle
Qui traîne sur la terre une simple mortelle,
Mais annonçait un ange, aussi bien que sa voix.

Je crus en la voyant voir un esprit céleste ;
Et si telle n'est plus la dame qui nous reste,
L'arc moins prompt guérit-il le mal fait autrefois ?

SUR LA MORT DE CINO DE PISTOJA.

(Piangete, donne, e con voi pianga Amore)

Pleurez, pleurez, amants de tous pays;
Dames, pleurez; Amour, verse des larmes :
Car il est mort celui qui fut soumis
Toute sa vie au pouvoir de tes armes !

Trop de douleur oppressant mes esprits,
Un mal cruel me tenait en alarmes ;
Pour trop sentir mes pleurs étaient taris
Et maintenant je leur trouve des charmes.

Pleurez, mes vers et mes rimes aussi,
Puisque Cino pour jamais est parti ;
Ce bon Cino, plein d'amoureuse flamme !

Pistoja pleure; et vous, ses citadins,
Pleurerez-vous le meilleur des voisins ?
Le ciel sourit en voyant sa belle âme !

LAS DE L'ESPOIR, IL NE PEUT PLUS RECOUVRER LA LIBERTÉ.

(Io son dell' aspettar omai sì vinto)

Non, pour attendre encor je ne puis me contraindre ;
Vos combats sont trop longs, ô guerre des soupirs !
Je prends l'espoir en haine ainsi que les désirs,
Et ces lacs dont mon cœur se plaisait à s'étreindre.

Mais *son* visage aimé toujours revient se peindre
Dans mon sein douloureux et sevré de plaisirs ;
Je le vois dans les fleurs, le sens dans les zéphyrs :
Quel martyre nouveau doit-il me faire craindre ?

Eh quoi donc ! je reprends ce chemin redouté
Où l'on m'a pour jamais ravi la liberté.
— En suivant ce qui plaît le mal, dit-on, arrive. —

Alors elle courait, folle, mais franche et vive,
Et maintenant d'une autre elle subit les lois,
Cette âme qui pourtant ne pécha qu'une fois.

A JEAN BOCCACE.

(Poi che voi ed io più volte abbiam provato)

Puisque vous éprouvez de combien de fallace
Se mêle notre espoir, et je l'ai senti mieux
Et plus souvent que vous, élevez donc vos yeux
Et votre cœur au bien qui jamais ne nous lasse.

Cette terrestre vie est un pré gracieux
Où le serpent habite et parmi les fleurs passe ;
Il s'y cache, et parfois s'il laisse voir sa trace,
C'est un piége de plus pour l'esprit curieux.

Si vous voulez surtout mettre en votre pensée
Ce calme inestimable, avant le dernier jour,
Évitez le vulgaire et la foule empressée ;

Suivez le petit nombre. — Et voilà qu'à mon tour
Je vous entends me dire : « Et de quel droit, mon frère,
« Me montrer le chemin quand tu gis dans l'ornière ? »

* PENDANT LA QUATORZIÈME ANNÉE DE SON AMOUR.

(Lasso! ben so che dolorose prede)

Hélas oui! je sais trop quel ravage incessant
Fait de nous, à pas un sans que sa main pardonne,
Celle qui dégarnit les rangs qu'on abandonne,
Un si bref souvenir à ce monde laissant!

Je vois peu de pitié quand mes maux vont croissant;
De mon dernier matin la première heure sonne;
Amour en attendant ne me désemprisonne,
L'habituel tribut de mes yeux chérissant.

Je sais comme nos jours coulent, formant notre âge,
Comme les moments fuient : exempt de toute erreur,
Ma force s'en accroît plus que de l'art du mage.

Le bon sens combattit les désirs de mon cœur
Sept ans, puis autres sept. Qui vaincra?... le meilleur,
Si de l'âme ici-bas le vrai bien se présage.

LE SALUT.

APOSTROPHE A UN LIEU OÙ IL AVAIT RENCONTRÉ LAURE.

(Avventuroso più d'altro terreno)

O sol plus fortuné que nul autre terrain,
Où l'Amour dirigea *ses* pas qui s'arrêtèrent,
Où vers moi de ses yeux les rayons se tournèrent,
Rendant par leur clarté tout autour l'air serein !

Un buste en diamant, s'évaporant soudain,
Tromperait les regards que ses formes charmèrent,
Plutôt que du doux geste où les miens s'attachèrent
La ravissante image abandonnât mon sein !

J'ai l'esprit et le cœur remplis de tant de grâce,
Et ne te foule point sans rechercher la trace
Que son pied dut laisser quand je la vis venir.

— Si dans un noble cœur Amour ne peut dormir,
Prie aussi Sennuccio qu'en cette même place
Il ait pour moi des pleurs ou du moins un soupir !

* NOUVEAU SALUT DE LAURE EN CE MÊME LIEU.

(Perseguendomi Amor al luogo usato)

Amour me poursuivant en ce lieu qu'il préfère,
Comme un homme attentif et redoutant la guerre,
Qui prévoit tout et garde un passage fermé,
De mes anciens pensers je me tenais armé.

Tout à coup du soleil s'obscurcit la lumière;
Je me tournai, je vis une ombre, et sur la terre [9]
Je reconnus cet être unique et bien-aimé
Qui pour le ciel sans doute avait été formé.

Je disais à part moi : « D'où naît tant d'épouvante? »
— Cette pensée à peine en mon cœur fut présente,
Qu'il ressentit l'ardeur de deux rayons brûlants.

Ainsi, quand luit l'éclair, il tonne en même temps;
Ainsi de ses beaux yeux, devant lesquels je tremble,
Et du plus doux salut je fus atteint ensemble.

A SENNUCCIO DEL BENE.

(Sennuccio, i' vo' che sappi in qual maniera)

Sennuccio, je le veux, il faut que je t'apprenne
Comment je suis traité, quelle vie est la mienne :
Je brûle et me détruis comme j'ai toujours fait,
Laure me tourne encore ainsi qu'elle faisait.

Parfois elle est tout humble et d'autres fois hautaine,
Le matin accueillante et le soir inhumaine;
Un jour se revêtant d'une vertu qui plaît,
Vive et légère un autre elle nous apparaît.

Elle chantait ici, là je la vis assise,
Plus loin se retourner ou ralentir ses pas;
Là mon cœur fut atteint d'une parole exquise;

Là d'un regard charmant qu'on ne m'adressait pas;
Ici son front changea. — Par ces pensers, hélas!
Notre maître, l'Amour, me tourmente à sa guise!

DANS SA RETRAITE.

(Dell' empia Babilonia, ond' è fuggita)

Enfin je t'ai quittée, ô Babylone impie,
Sans honte, sans vertus ; auberge de douleurs,
Mère de fourberie et nourrice d'erreurs,
Et j'ai fui loin de toi pour allonger ma vie !

Ici, seul, et selon que l'Amour me convie,
Je rime ; je cultive et des fruits et des fleurs ;
Je me parle à moi-même et pense aux jours meilleurs.
Du vulgaire et du temps fort peu je me soucie.

Fort peu je me soucie, en vérité, de moi ;
Au dehors point de trouble, au dedans point d'émoi.
Je méprise à l'envi les sens et la fortune !

Deux personnes pourtant touchent encor mon cœur :
Plus bénigne envers moi je voudrais savoir l'une ;
L'autre debout, hélas ! dans l'ancienne vigueur.

RIVALITÉ,

OU LE SOLEIL AMANT.

(In mezzo di duo amanti onesta, altera)

Entre deux amants, fière et sage,
Je vis une dame en ces lieux :
Phœbus à droite, radieux,
A gauche moi, sur son passage.

Mais, échappant à l'esclavage
Du plus beau, du plus orgueilleux,
Elle tourna vers moi les yeux
Et jamais ne fut moins sauvage.

Tout aussitôt se convertit
En allégresse le dépit
Qu'inspirait un tel adversaire ;

Son brillant visage, au contraire,
D'un nuage se recouvrit,
Voyant qu'il n'avait pas su plaire.

IL A RETROUVÉ A VAUCLUSE LE SOUVENIR D'UNE PREMIÈRE RENCONTRE.

(Pien di quella ineffabile dolcezza)

Empreint de la douceur pénétrante, ineffable,
Que tirèrent mes yeux de *son* visage aimable,
Ce jour où volontiers, les fermant pour jamais,
A de moindres beautés je les eusse soustraits;

Je quittai tout dessein, toute œuvre désirable;
Mon esprit fut dès lors uniquement capable
De la contempler seule et de voir ses attraits
Et n'eut plus que mépris pour des dons imparfaits.

Cherchant pour mes soupirs quelque paisible asile,
Seul, mais avec l'Amour, pensif, d'un pas tranquille,
J'atteignis ce vallon fermé de toutes parts.

Là je trouvai des rocs, des ondes, nulle femme,
Et son image inscrite en ce jour dans mon âme
A moi s'offrit encore et suivit mes regards.

LE ROCHER DE VAUCLUSE.

Se 'l sasso ond' è più chiusa questa valle)

Si le rocher qui t'a close, vallée,
(De là ce nom dont tu fus appelée)
Avait tourné, d'un autre naturel,
La face à Rome et le dos à Babel [10];

Mes longs soupirs, en prenant leur volée,
Sans nul obstacle arrivaient, troupe ailée,
A mon Espoir, tandis que par le ciel
Ils vont épars. Sans manquer à l'appel

Chacun pourtant arrive où je l'envoie,
Où son retour est un sujet de joie :
Que ce séjour leur est délicieux !

Mais, moins heureux, mes yeux me font la guerre ;
Trempé de pleurs, dès que naît la lumière,
Les pieds meurtris je dois gagner ces lieux.

* REPONSE A DES VERS RIDICULES DE STRAMAZZO
DE PÉROUSE.

(Quelle pietose rime, in ch'io m'accorsi)

Ami, ces vers charmants dont j'ai su reconnaître
Le style inimitable et le sensible auteur,
M'ont si vite rendu ma force et mon ardeur
Que j'ai pris cette plume, un peu trop tôt peut-être,

Pour vous rassurer mieux, en vous disant par lettre
Que je n'ai point subi la dernière fureur
De celle dont chacun doit sentir la rigueur.
Jusques au triste seuil, et sans le bien connaître,

Il est vrai, j'ai couru; mais soudain dégagé,
Lisant cette sentence à la limite écrite
Que mon séjour ici devait être allongé,

Sans voir quelle était l'heure à mon départ prescrite,
J'ai rebroussé. — Calmant votre cœur affligé,
Cherchez qui plus que moi tant d'intérêt mérite.

LA SÉPARATION.

(Quel vago impallidir che 'l dolce riso)

Cette vague pâleur, qui sur son frais souris
Vint étendre un moment un amoureux nuage,
D'un si puissant aspect frappa mon cœur surpris
Que vers *Elle* il monta jusque sur mon visage.

Comme on se voit l'un l'autre au sein du paradis,
Ainsi de ses pensers j'ai saisi le langage ;
Nul n'a pu deviner ce qu'alors j'ai compris ;
Mais je l'ai bien vu, moi, d'un regard sans partage.

Chez femme en qui s'éveille un amour endormi,
Les regards les plus doux, les plus tendres manières
Près de ce que je dis sont des façons altières.

Elle inclina la tête et, baissant ses paupières,
Se tut et cependant sembla dire à demi :
Pourquoi vous éloigner, ô mon fidèle ami ?

IL EST SANS REFUGE.

(Poi che 'l cammin m' è chiuso di mercede)

Puisque de l'espérance on m'interdit la voie,
Puisque de sa pitié m'est fermé le chemin,
Puisque loin de ses yeux il faut qu'on me renvoie,
Astres de mon amour que j'implorais en vain !

Mes soupirs désormais te serviront de pain,
Mon cœur ; mais à ton tour tu deviendras leur proie ;
Et je ne m'en plains pas : à nourrir son chagrin
Quand on souffre d'amour on trouve quelque joie.

Je n'aurai de bonheur qu'en une image, hélas !
Que fit, sans consulter Apelle ou Phidias,
Un maître plus habile et d'un plus grand génie.

Fuirai-je chez le Scythe ou dans la Numidie ?....
Les complots de la haine encor m'y poursuivraient,
Et quoique bien caché mes pleurs me trahiraient.

INCERTITUDES.

(S'amor non è, che dunque è quel ch' i' sento?)

Si ce n'est de l'amour, qu'est-ce que mon cœur sent ?
Mais si c'est de l'amour, Dieux ! quelle étrange atteinte !
Si c'est un bien, pourquoi ce trouble, cette crainte ?
Si c'est un mal, d'où naît un aussi doux tourment ?

Pourquoi se lamenter en souffrant librement ?
Et si c'est malgré moi, de quoi me sert la plainte ?
O mort pleine d'attraits ! délicieuse étreinte !
D'où vient votre pouvoir sans mon consentement ?

Et si j'y consentais..... Désespoir inutile.
Par des vents furieux ma nacelle fragile
Vogue sans gouvernail, errant en pleine mer :

Appesanti d'erreurs et léger de science
Je ne sais que vouloir, j'hésite, je balance ;
En été je frissonne et je brûle en hiver.

INVECTIVES CONTRE LA COUR D'AVIGNON.

(L'avara Babilonia ha colmo 'l sacco)

De l'ire du Seigneur, des vices odieux,
L'avare Babylone a comblé la mesure
Et tant qu'elle en éclate. Elle a choisi pour Dieux,
Non le grand Jupiter, mais Bacchus et Mercure;

Non la sage Pallas, mais la Vénus impure.
Je sèche en attendant que le ciel à nos yeux
Montre un nouveau Soudan, vengeur de cette injure,
Qui couronne ses maux d'un assaut furieux.

Ses idoles seront à terre dispersées
Et ses superbes tours dans les airs élancées
Tomberont aux longs cris de leurs gardes brûlés.

Les amis du vrai bien, les âmes pacifiques
Gouverneront le monde et les vertus antiques
Brilleront de nouveau dans ces lieux désolés.

A DES AMIS

EN S'ÉLOIGNANT DE VENISE POUR RETOURNER VERS AVIGNON.

(Quanto più desiose l'ali spando)

Lorsque vers vous s'ouvre, ardente, mon aile,
De mes amis douce bande fidèle,
Je sens du sort ou les traits ou la glu,
Je vole errant ou me vois retenu ;

Mais mon cœur reste au lieu qui me rappelle
Et ce vallon où le sol s'entremêle
Avec la mer et le flot combattu
L'arrête encor quand je fuis tout ému.

Je prends à gauche et lui garde la voie ;
Je vais de force et l'amour le convoie,
Moi vers l'Égypte et ce cœur vers Sion.

Pour tout secours au mal qui se prépare,
J'ai la constance et votre affection,
Car d'être ensemble est un bien court et rare.

* LA CONSTANCE INVINCIBLE.

(Ponmi ove 'l sol occide i fiori e l' erba)

Mettez-moi dans ces lieux où le soleil nous tue,
Dans ces lieux où son char fuit devant les frimas,
Dans ceux où ses regards portent de doux climats ;
Aux lieux de son couchant, à ceux de sa venue.

Mettez-moi sur le trône ; en un sort humble et bas ;
Dans un air lumineux, sous une obscure nue ;
Lorsque le jour s'allonge ou lorsqu'il diminue ;
A l'automne de l'homme, à ses premiers ébats.

Mettez-moi dans le ciel, sur terre, en quelque abîme,
Dans un vallon fangeux, sur une haute cime,
Esprit libre ou rampant, de ses membres chargé ;

Qu'on chante ma louange ou bien qu'on me déchire,
Je resterai le même, et certes puis le dire,
Trois lustres de soupirs ne m'ayant pas changé.

D'une île de la Loire, septembre 1847.

SA DAME PARAISSANT PLUS BÉNIGNE, IL ENVOIE VERS ELLE SES PENSÉES.

(Ite, caldi sospiri, al freddo core)

Allez, brûlants soupirs, vers l'insensible cœur
Dont la glace constante enchaîne la tendresse ;
Aux larmes d'un mortel si le ciel s'intéresse,
La mort ou la pitié finira ma douleur.

Allez, allez, pensers, parlez en ma faveur,
Sortez d'un sein meurtri que votre poids oppresse,
Paraissez à ses yeux, fléchissez sa rudesse :
Que je sache mon sort : plus d'espoir, plus d'erreur !

On peut le dire, hélas ! soupirs, pensers sans nombre,
Notre état permanent est la tourmente et l'ombre
Comme le sien paraît un éternel printemps ;

Mais maintenant allez, puisque l'Amour vous guide ;
Je crains moins la tempête et sa chance perfide,
Si je sais au soleil juger l'état du temps.

LES YEUX DE LAURE INSPIRENT LA VERTU.

(Le stelle e 'l cielo e gli elementi a prova)

Les étoiles, le ciel et tous les éléments
De leur force ont ici voulu faire une épreuve ;
Ils ont prêté leurs feux à ces miroirs charmants,
A ces yeux, de leurs soins, de leur art, douce preuve.

Phœbus s'y contemplant y suit ses mouvements,
La nature s'y mire et s'y voit toujours neuve ;
Leur éclat éblouit le regard des amants :
Il semble que d'Amour toute la flamme en pleuve.

L'air, de leurs purs rayons sans cesse traversé,
D'honnêteté s'empreint et chacun l'y respire
Ne sachant ce qu'il sent ni ce qu'il en doit dire.

Tout désir vil et bas est ici dispersé,
La vertu nous séduit, l'honneur seul nous inspire ;
Jamais noble beauté n'eut ailleurs tant d'empire.

ATTRAITS ET PERFECTIONS DE LAURE.

(In qual parte del ciel, in quale idea)

Quelle sphère du ciel, quel type sans défaut
Te fournit le modèle, ô féconde Nature,
Quand tu voulus, formant son aimable figure,
Nous montrer ici-bas ce que l'on peut là-haut?

Quelle nymphe livra plus blonde chevelure
Aux caprices de l'onde, au souffle du vent chaud?
Quel cœur fut plus parfait? et pourtant il me faut
Accuser tous ces dons de la mort que j'endure!

Qui n'a pas de ses yeux vu le doux mouvement,
Qui n'a pas de son front vu le trouble charmant,
En vain pense rêver une beauté divine.

Comment Amour guérit, comment il assassine,
Le sait-il celui-là qui ne sait pas comment
Elle parle et soupire et sourit doucement?

MÊME SUJET.

(Amor ed io, sì pien di maraviglia)

Amour et moi nous contemplons ensemble,
Muets tous deux et pleins d'étonnement,
Celle qui parle et rit si doucement
Et soi toujours, unique, à soi ressemble !

Sous ses longs cils dans leur orbe charmant
Le vif rayon de mes étoiles tremble :
Nul autre feu ne devrait, ce me semble,
Guider ailleurs pour aimer noblement.

Oh ! qu'elle est belle, en la prairie épaisse
Quand on la voit, pareille aux fleurs, s'asseoir ;
Quand son sein blanc au vert gazon se presse !

Et dans l'avril quel plaisir de la voir,
Tressant un cercle aux teintes nuancées [11],
Seule passer, seule avec ses pensées !

* EN UN JOUR DE LASSITUDE.

———

(Amor, che vedi ogni pensiero aperto)

Amour, ô toi qui vois notre âme à découvert,
Qui sais les défilés où ton œil seul pénètre
Et m'y suis et m'y guide, abaisse-les, cher maître,
Jusqu'au fond de ce cœur de tant d'ombre couvert.

Mesurant, et de haut, combien j'aurai souffert
Pour te suivre, tu vas, te faisant mieux connaître,
De jour en jour, de monts en monts. Peut-être
Auras-tu deviné ma lassitude, expert?

Va, va, je vois de loin cette douce lumière
Par laquelle tu veux mon courage exciter;
Mais la route est abrupte et je n'y puis monter.

Ai-je des plumes, moi, des ailes par derrière?
Vole, et laisse contents mes timides désirs
De savoir qu'*Elle* aussi distingue mes soupirs.

ANGOISSES.

(Or che 'l cielo e la terra e 'l vento tace)

Quand le ciel et la terre et les vents font silence,
Quand le sommeil retient les tigres, les oiseaux ;
Dans son char étoilé la Nuit passe en cadence
Et la mer dans ses flancs laisse dormir les eaux.

Je *la* revois alors et je brûle et je pense
A ses divins attraits, seul but de mes travaux ;
La guerre est dans mon sein, la colère et l'offense ;
Mais sa douce pensée apaise tant de maux.

Une source, une seule et pure et claire et vive,
Me fournit un breuvage amer autant que doux ;
Une main me guérit et me perce de coups :

Et pour que ma douleur ne trouve point de rive,
Mille fois en un jour je meurs et je renais.
— Combien sont loin encor le salut et la paix !

LES QUATRE GRACES,

OU LA DÉMARCHE, LE REGARD, LE GESTE ET LE SON DE VOIX.

(Come 'l candido piè per l'erba fresca)

Quand au sein des prés *Elle* avance,
Des brins d'herbe qu'elle a pliés
Les fleurs naissent sous l'influence
Qui sort des plantes de ses piés.

Amour qui fait sa demeurance
Dans les cœurs au vrai bien liés,
Pour me vaincre traits et puissance
A ses yeux seuls a confiés.

Avec ces yeux, ce port modeste,
S'accordent sa voix et son geste
Plein de charme et de gravité ;

De tels rayons brûlent mon âme
Et je fuis leur quadruple flamme
Comme un hibou fuit la clarté.

LA VOIX DE LAURE LE FAIT MOURIR ET LE RESSUSCITE.

(Quando Amor i begli occhi a terra inchina)

Quand vers la terre Amour vos yeux incline
Et qu'il recueille et retient dans ses doigts
Vos frais soupirs dont il forme une voix
Claire, suave, angélique, divine ;

Mon cœur m'est pris d'une douce rapine,
Tous mes désirs sont changés à la fois :
Viens, dis-je, ô Mort! je ne crains plus tes lois,
Si c'est la fin qu'à mes jours on destine !

— Mais cette voix qui ravissait mes sens
Et qui m'ouvrait le ciel par ses accents,
A son départ a retenu mon âme...

Ainsi déploie, ainsi roule la trame
Des jours mortels qui m'ont été comptés,
Cette sirène aux célestes beautés.

ESPOIR ET DÉCOURAGEMENT.

(Amor mi manda quel dolce pensero)

Amour au cœur ce doux penser m'envoie
Entre nous deux antique truchement :
Il me ranime, il prétend, quelle joie !
Que sans retard va finir mon tourment.

Dirait-il vrai ? — Mais si souvent il ment...
Dois-je espérer, faut-il que je le croie ?
— Ni si, ni non, ne vibre entièrement
Dans mon esprit au cruel doute en proie. —

— Et le temps marche; et là dans le miroir
Je vois venir cette saison contraire
A sa promesse ainsi qu'à mon espoir. —

— Puisqu'à mon cœur son cours ne peut rien faire,
N'y songeons plus. Suis-je seul à vieillir ?
— Mais rien n'avance, et la mort peut venir !...

IL NE SAIT NI PARLER A LAURE NI LA FUIR.

―

(Pien d'un vago pensier, che mi desvia)

Plein du noble penser dont la pente fidèle
M'entraîne loin de tous dans un triste sentier,
Fuyant ce qu'on poursuit, me fuyant le premier,
Je devrais l'éviter et je ne cherche qu'*Elle* :

Et je la vois passer si douce et si cruelle,
Que pour prendre son vol mon cœur se fait prier,
Car de soupirs armés un essaim tout entier
Semble contre l'Amour protéger la rebelle.

Croyant apercevoir un rayon de pitié
Sous les cils bruns et fiers qui bordent sa paupière,
Mon âme se recueille et songe à la prière ;

Mais alors que déjà je lui parle à moitié
(Qu'un esprit incertain est une étrange chose !)
De peur d'en dire trop je m'arrête et je n'ose...

MÊME SUJET.

(Più volte già dal bel sembiante umano)

Plus d'une fois déjà ses beaux semblants humains
Me donnèrent d'oser, Amour de compagnie,
Assaillir de doux mots, de regards incertains,
De gestes empressés mon aimable ennemie.

Mais ses yeux m'ont fait voir que mes projets sont vains.
Ma fortune, mon sort, mon bien, mon mal, ma vie,
Celui qui peut tout faire a remis dans ses mains
Et tout ce que je crains et tout ce que j'envie.

Nul son par moi jamais ne peut être formé ;
Ma parole s'arrête et je l'entends à peine :
Ainsi m'a fait Amour tremblant et sans haleine ;

Ainsi des passions le brasier enflammé
Fait monter les esprits, tient la langue captive :
De qui dépeint ses feux l'ardeur est bien peu vive.

* IL SE SENT RAJEUNIR PAR LA MÉMOIRE.

(Quando mi vene innanzi il tempo e 'l loco)

Quand retournent plus vifs et le temps et le lieu
Où je me devais perdre et les lacs que d'avance
Me préparait Amour, y changeant ma tendance
Au point de transformer d'amers pleurs en doux jeu ;

Brûlant, humaine amorce, et le soufre et le feu
S'enflammant à la voix qu'ouïr encor je pense,
Au souvenir ardent d'une chère présence
De ces flammes je vis, du reste occupé peu.

Ce soleil rougissant qui frappe ma pupille
Par la mémoire encor me réchauffe et scintille
Sur l'horizon du soir comme aux jours du printemps,

Et, de loin rallumant un nouvel incendie,
N'a besoin pour troubler ma raison engourdie
Que de me rappeler les lacs, le lieu, le temps.

EN ARRIVANT D'UN LONG VOYAGE.

IL REPENSE A LA FORÊT DES ARDENNES.

(Mille piagge in un giorno, e mille rivi)

Que de rives, de rocs, de sentiers en un jour
M'a montrés, voyageant par la fameuse Ardenne,
Celui qui tout vivants dans le ciel nous emmène,
Donnant l'aile à nos pieds, à nos âmes, Amour!

J'ai donc parcouru seul cet effrayant séjour
Où Mars frappe dans l'ombre et sans gloire et sans haine.
— Ainsi vogue un vaisseau sans voile, sans antenne,
Ainsi j'allais, chargé d'un penser triste et lourd.

Mais le terme arrivé de l'obscure journée,
En songeant d'où je viens et quel fut mon appui,
La peur naît de l'audace en mon âme étonnée.

— Puis le pays aimé, le fleuve qui m'a lui,
Par leur riant accueil ont rassuré bien vite
Mon cœur qui se retrouve où sa lumière habite.

* RÉPONSE A GERI GIANFIGLIACCI.

(Geri, quando talor meco s'adira)

Geri, quand se met en colère
Cette ennemie et douce et fière,
Mon cœur n'a plus qu'un seul soutien
Et mon esprit qu'un seul moyen :

En tournant sa prunelle altière
Pour me priver de la lumière,
Elle voit mon humble maintien
Et mon œil baissé la retient.

Sans ce recours, sans cette ruse,
Je deviendrais comme ces gens
Que changeait en roche Méduse.

Ne lutte pas contre le Temps,
Ne t'enfuis pas de peur des vents;
D'ailes aussi notre maître use.

SUR L'ÉTAT LANGUISSANT DE SA DAME.

(Amor, natura e la bell' alma umile)

Amour et la Nature et cette âme tranquille
Où la vertu demeure, où domine la foi ;
Ensemble conjurés agissent contre moi.
Amour veut que je meure ; et c'est bien là son style.

La Nature retient dans un nœud si débile
Cette âme née au ciel, qu'elle échappe à sa loi ;
Et cette âme, à son tour, pleine d'un saint effroi,
Veut quitter une vie et fatigante et vile.

Ainsi de jour en jour l'esprit manque à ce corps,
A ces membres charmants, chastes et doux trésors,
Où se réfléchissait la beauté par essence.

O Mort ! si la pitié n'arrête point ton bras,
Je vois où nous allons. Dans quel état, hélas !
Se trouve maintenant mon unique espérance !

AU SOLEIL COUCHANT.

(Almo sol, quella fronde ch'io sola amo)

Fier soleil ! ce feuillage, ici mon seul amour,
Avant moi tu l'aimas ! Sans égal il verdoie
Depuis que ce fléau qui séduit et fourvoie
Parut aux yeux d'Adam si beau le premier jour.

Arrête et regardons ! Mais tu fuis à ton tour,
O Phœbus ! tu poursuis dans ta splendide voie...
Du sommet de ces monts quelle ombre se déploie ?...
Tu fuis, me ravissant mon bonheur et le jour.

Sur ces humbles coteaux cette ombre qui s'épanche
(Là s'alluma jadis l'impérissable feu,
Là l'immortel laurier fut une frêle branche),

Cette ombre à mes regards efface ce doux lieu
Où mon cœur se repose à celle de ma Dame.
— Et cependant j'écris à ta mourante flamme.

De la Roche-au-Moine, septembre 1847.

SOMBRE ALLÉGORIE SUR SON EXISTENCE.

(Passa la nave mia colma d'obblio)

Ma nef n'a plus pour lest qu'un oubli qui m'ennuie;
C'est l'hiver, la nuit noire, et je sens près de là,
Sur ma droite Charybde, à ma gauche Scylla;
D'un air moqueur Amour au gouvernail s'appuie.

Des rames qu'à lutter et pour peu qu'on l'essuie,
Appelle la tempête et toujours appela :
Une voile pesante et que souvent gonfla
Jusqu'à l'en déchirer un vent chargé de pluie.

Pluie, hélas ! de mes pleurs, grêle de *ses* dédains
Battant sur mes agrès, ralentissant ma marche
Qu'entrave l'ignorance aux conseils incertains.

Mes deux signes aimés se cachent... et je marche !...
Notre raison s'en va, l'art délaisse nos mains ;
Ah ! je crains bien qu'au port n'arrive pas mon arche !

LAURE BRILLANTE DANS LA SOLITUDE.

(Stiamo, Amor, a veder la gloria nostra)

Arrêtons-nous, Amour, contemplons notre gloire.
Quelle douceur sur *Elle* ici tombe des cieux !
De combien de lumière ils ont rempli ces yeux !
Vois ces choses qu'un jour on ne voudra point croire :

Vois quel art sut mêler en tons harmonieux
Les perles, le corail et l'or, riche accessoire ;
Vois comme ses regards, comme ses pieds d'ivoire
Se meuvent doucement vers ces bois gracieux !

Dans ces cloîtres ombreux que ceignent les collines
L'herbe verte et les fleurs aux couleurs purpurines
Sous cet antique chêne implorent ces beaux piés ;

Et l'air, tout embrasé de vives étincelles,
Rendant grâce au doux feu de ces noires prunelles,
Croit revoir du soleil les rayons oubliés.

DANS UN TRANSPORT D'ADMIRATION.

(Pasco la mente d'un sì nobil cibo)

D'un si noble aliment j'ai l'esprit sustenté
Que sans regret aux Dieux je laisse l'ambroisie,
Et, perdant la mémoire aux ondes du Léthé,
Toute douceur s'efface en mon âme saisie.

J'entends plus d'un discours qui dans mon cœur noté
Devient de mes soupirs la matière choisie ;
Par la main de l'Amour je me sens transporté
Vers des lieux inconnus, même à la fantaisie.

Là je goûte un plaisir double et délicieux,
Là résonne la voix au ciel si bienvenue
Qu'on n'imagine point sans l'avoir entendue ;

Là dans un court espace apparaît à nos yeux
Tout ce qu'en cette vie et pour vaincre et pour plaire,
L'art, l'esprit, la nature et le ciel peuvent faire.

* EN ARRIVANT DE TOSCANE A VAUCLUSE.

(L' aura gentil che rasserena i poggi)

Dans ces bois le zéphyr venu de la colline
A réveillé les fleurs. A cette odeur divine
J'ai reconnu les lieux où *son* regard m'a lui,
Le vent qui fait monter ma gloire et mon ennui.

Hélas! voici longtemps déjà que je chemine !
Vers ce souffle attirant toujours mon cœur s'incline ;
Du beau pays toscan, de l'air natal j'ai fui :
Je cherche mon soleil et l'espère aujourd'hui.

A ses brillants rayons j'éprouve tant de joie
Que par force l'Amour en tout temps m'y renvoie.
— Puis, me sentant brûler, je tente un vain effort.

Des armes n'y font rien, il me faudrait des ailes...
Mais le ciel l'a voulu, ces vives étincelles
De loin comme de près doivent causer ma mort.

* LES CHEVEUX ET LES YEUX DE LAURE.

—

(L' aura soave ch' al sol spiega e vibra)

L'or brillant que l'Amour de sa main a filé
A ce souffle embaumé s'étend, s'agite et vibre ;
Vers *son* œil, doux flambeau, mon esprit a volé,
De ses cheveux lié, mon cœur las n'est plus libre.

En m'approchant à peine à sa vue ont tremblé,
La moelle dans mes os, mon sang dans chaque fibre...
Sa main dans la balance a si souvent mêlé
Et ma vie et ma mort dans un frêle équilibre !

Ah ! je n'ose avancer... je les vois flamboyer
Ces nœuds dont je suis pris, ce regard qui m'attire :
Ne le comprenant pas, pourrais-je le redire ?

Deux yeux à mon esprit apportent le délire,
Et ce cœur fatigué je le sens tournoyer
Avec ces blonds cheveux au gré du prompt zéphyre.

IMPROMPTU SUR UN GANT QUE LAURE AVAIT PERDU DANS UNE ASSEMBLÉE.

(O bella man, che mi distringi 'l core,)

O belle main ! toi qui m'ouvres le cœur
Et clôs ma vie à grand'peine accomplie ;
Par la nature et le ciel embellie,
Main leur chef-d'œuvre et qui leur fais honneur !

Tes doigts si frais, arrosés de senteur,
Sont dans ma plaie un fer qu'on multiplie.
Je les ai vus sous leur nacre polie,
Amour voulut m'accorder ce bonheur.

Aimable gant dont la blancheur sans tache
A recouvert l'ivoire qu'on nous cache,
Pleurs et baisers vont bientôt vous souiller !

Pourrais-je assez bénir ma bonne étoile ?
Ah ! si j'avais autant de ce beau voile !...
Mais c'est un vol, il faut m'en dépouiller.

IMPROMPTU EN RESTITUANT LE GANT.

(Non pur quell' una bella ignuda mano)

Ce n'est plus seulement cette belle main nue,
A mon grand déplaisir de son gant revêtue ;
Mais l'autre et les deux bras qui vont se réunir
Pour déchirer mon cœur et le faire souffrir.

Parmi tous ces attraits dont le ciel l'a pourvue,
Amour tendit ses rets, prévoyant ma venue ;
Et pas un seul en vain, tant il sut bien choisir
Et le piége et les lacs où je devais périr.

C'est un port chaste et noble au-dessus des louanges,
Des yeux forts et sereins comme on en prête aux anges,
Et des cils chatoyants qui lancent la clarté ;

Une bouche de rose à la voix douce et pure,
Un front majestueux, et cette chevelure
Qui vaincrait à midi l'or d'un soleil d'été.

FROIDEUR DE SA DAME.

(**D**' un bel, chiaro, polito e vivo ghiaccio)

C'est d'un glaçon poli, c'est du sein des frimas
Que naît cet incendie, et chacun s'en étonne :
Le feu brûle ma veine et dans mon cœur rayonne,
Desséchant sa vertu, me menant au trépas.

La Mort qui pour frapper déjà lève son bras,
Tel rugit le lion, tel encor le ciel tonne,
Va poursuivant ma vie ; effrayé je frissonne
Et fuis silencieux l'atteinte de ses pas.

La pitié pourrait bien, d'un peu d'amour mêlée,
Double appui de mes jours venir s'interposer
Entre le coup mortel et l'âme désolée :

Quoi ! garder cet espoir est encor trop oser !
J'interroge *ses* yeux et vois que je m'abuse ;
Je ne la blâme pas, c'est mon sort que j'accuse.

DOUCEURS DIVERSES.

(Dolci ire, dolci sdegni e dolci paci)

Douces colères, douces paix,
Doux fardeau, douce inquiétude,
Douce parole, douce étude
Pour moi, lorsque je l'entendais.

Je souffre et pourtant je me tais ;
Si parfois sa douceur m'est rude,
Mon cœur, exempt d'incertitude,
Dit encor : Seule tu me plais.

Doux honneur de l'avoir suivie !
Peut-être qu'une douce envie
Fera dire à d'autres un jour :

« Quels travaux pour un noble amour !
« Oh ! pourquoi, Fortune ennemie,
« M'as-tu si tard fait voir le jour ? »

EN DESCENDANT LE RHONE ET FAISANT HALTE.

(Rapido fiume, che d' alpestra vena)

Beau Rhône, fils des monts, dont la fougue sauvage
Apporte trop souvent le deuil et le ravage
A tes bords alarmés; tu descends nuit et jour
Où ta pente te mène, où me conduit l'Amour !

Pleins d'ardeur et tous deux faisant même voyage
Nous allons. Hâte-toi, toi que sur le rivage
Le devoir, le sommeil et la faim tour à tour
Ne forcent pas, hélas, à faire de séjour.

Mais avant que ton onde au sein des mers arrive,
Regarde ces beaux lieux qu'un air plus pur avive,
Qu'éclaire mon Soleil. Peut-être, doux espoir,

Elle compte les jours et mon retard l'intrigue.
Rêveuse, au bord des flots si tu la vois s'asseoir,
Dis-lui : L'esprit est prompt, mais la chair se fatigue.

* EN S'ÉLOIGNANT DU COMTAT.

(I dolci colli ov' io lasciai me stesso)

En partant de ces lieux où toujours je retarde,
Où mon âme demeure alors qu'il faut partir,
Ce doux fardeau qu'Amour a commis à ma garde,
Je l'emporte avec moi ; puis-je m'en départir ?

Et j'ai devant les yeux partout où je regarde
Ces coteaux que j'ai fuis. Hélas ! pauvre martyr,
Mon beau joug s'est fixé sans que j'y prisse garde ;
Plus je crois m'éloigner, plus il se fait sentir !

Comme le cerf atteint d'une mortelle flèche,
Qui court, ayant au flanc le dard empoisonné,
Se blesse d'autant plus que plus il se dépêche,

Portant sous le sein gauche un trait emprisonné,
Ainsi je vais brûlant, mais d'un feu délectable.
La douleur me détruit et la fuite m'accable.

APRÈS LE VINGTIÈME ANNIVERSAIRE DE SON AMOUR.

(Beato in sogno, e di languir contento)

Heureux en songe, hélas ! et de languir content,
Je poursuis le zéphyr, j'embrasse une ombre vaine,
Sur une mer sans fond je navigue à tout vent,
Sur l'onde je m'appuie et bâtis sur l'arène.

J'aime tant ce soleil que mon œil se repent
D'oser le contempler dans sa splendeur sereine ;
Ainsi qu'un chien boiteux à la chasse trop lent,
Une biche légère à sa suite me mène.

Je cherche nuit et jour (hélas ! j'ai trop cherché);
Aveugle et fatigué, je tremble, je m'exclame,
Et j'appelle la Mort et l'Amour et ma Dame.

J'ai fait, voici vingt ans, un douloureux marché
De larmes, de soupirs ! Quelle étoile maligne
Me destinait l'appât d'une trompeuse ligne ?

ÉNUMÉRATION DES PERFECTIONS DE LAURE.

(Grazie ch' a pochi 'l ciel largo destina)

De ces dons qu'à bien peu le ciel bénin destine,
Une rare vertu qui passe notre sens,
Avec de blonds cheveux un esprit du vieux temps
Et dans une humble femme une beauté divine ;

Un charme singulier qui trouble et qui domine,
Des chants qui vont à l'âme et ravissent les sens ;
Une allure céleste et des pensers ardents
Devant lesquels l'orgueil, l'entêtement s'incline ;

Et ces beaux yeux, changeant notre cœur en rocher,
Puissants à rendre clairs les nuits et les abîmes,
A prendre l'âme aux corps pour se mieux l'attacher ;

Et ces discours semés de traits fins ou sublimes
Qu'interrompt doucement un soupir embaumé...
Voilà les doux sorciers qui seuls m'ont transformé.

MÊME SUJET.

(In nobil sangue vita umile e queta)

Un sang noble et la vie humble dans la retraite,
Un esprit élevé, le plus innocent cœur ;
Les fruits mûrs et formés dans la plus fraîche fleur,
L'aspect grave et pensif, l'âme heureuse et quiète.

Elle réunit tout, grâces à sa planète,
Ou plutôt à son Dieu ! Le véritable honneur,
L'éloge mérité, le renom, la grandeur
Et de quoi fatiguer chaque illustre poëte.

Ses habits élégants relèvent sa beauté,
Chez elle on voit l'amour s'unir à la décence,
Et son geste qui parle explique son silence.

Certain *je ne sais quoi* dans son œil velouté
Rend plus claire la nuit, la clarté plus éteinte,
Le miel amer un peu, mais plus douce l'absinthe.

LE MATIN.

(Il cantar novo e 'l pianger degli augelli)

Au point du jour, les bois entendent des oiseaux
Les chants renouvelés, les plaintes langoureuses ;
Murmurant à leurs pieds sur des rives ombreuses,
Descendent vers les prés les liquides cristaux.

Celle dont le front blanc sous l'or de ses bandeaux
Ne revêtit jamais d'apparences menteuses,
Me ranime au doux bruit des danses amoureuses,
Faisant à son vieillard ses adieux matinaux.

— Ainsi je me réveille en saluant l'Aurore,
Le soleil qui la suit, et cet autre à son tour
Qui m'aveugla jadis et m'éblouit encore.

D'aventure, tous deux, je les ai vus un jour
Ensemble se lever, à la même heure éclore :
L'un fit pâlir Phœbé, l'autre le Dieu du jour.

QUELLE EST L'ORIGINE DE TANT DE MERVEILLES?

(Onde tolse Amor l'oro e di qual vena)

Amour, d'où tiras-tu l'or et de quelle veine
Pour tant de blonds anneaux ? A quel buisson pris-tu
Ces roses, ces boutons ? Par quel souffle as-tu su
Leur donner et la vie et le pouls et l'haleine ?

Quelle mer a fourni les perles dont ma reine
Enlace ses propos tout empreints de vertu ?
D'où viennent sur son front, de quel ciel inconnu
La majesté timide et la fierté sereine ?

A quels anges divins ses chastes mouvements
Ont-ils pris leur douceur et ses tendres accents ?
— Tant de dons m'ont vaincu, ma défaite est entière ! —

— Quel soleil a produit cette vive lumière,
Ces yeux qui de mon mal se font un cruel jeu
Et font passer mon cœur par la glace et le feu ?

* IL COMPARE LES YEUX DE LAURE A LA FOUDRE.

(Qual mio destin, qual forza o qual inganno)

Quel destin, quelle erreur, quel art, quel embauchage,
Désarmé, me ramène au champ de ces combats
Où ma défaite est sûre, où, pris à leurs appâts,
Si je vis c'est merveille et si je meurs dommage?

Dommage? Et qui l'a dit? — Non, plutôt avantage,
Tant sont doux à mon cœur de ces feux les éclats,
Tant m'éblouit l'éclair de ces foudres ingrats
Dont je brûle, lié par vingt ans de servage.

Voyant luire de loin ces yeux pleins de dangers,
De la mort j'entends trop les fatals messagers.
— Peut-être adviendra-t-il que de moi l'on s'approche.

Avec mansuétude alors je les verrai
Adoucir par degré le dard qu'on me décoche,
Si charmant à la fin qu'ici je le tairai.

A LA PROMENADE.

DIALOGUE AVEC LES AMIES DE SA DAME.

———

(Liete e pensose, accompagnate e sole)

« O femmes qui passez, au gré de votre envie,
Ensemble discourant ou seules et rêvant,
Dites, l'avez-vous vue ? où se cache ma vie ?
Je ne l'aperçois plus parmi vous comme avant. »

— « Tristes, nous regrettons sa présence ravie,
Joyeuses, nous pensons à ce soleil vivant ;
Toutes nous accusons la noire et folle Envie,
Plus que son propre bien le mal d'autrui pouvant.

Qui saurait aux amants donner un frein austère ?
Le corps seul est soumis à des lois de colère ;
Mais l'âme... Nous aussi nous l'éprouvons parfois !

La sienne prend pour feindre une inutile peine,
Chacun voit s'obscurcir sa beauté souveraine
Et ses yeux sont mouillés comme les fleurs des bois. »

* NUITS DE DOULEUR.

—

(Quando 'l sol bagna in mar l' aurato carro)

Quand Phœbus dans la mer baigne son char doré,
Qu'ainsi que nos esprits notre atmosphère est brune,
Avec le firmament, les étoiles, la lune,
Je me plains de mes maux sous le voile éthéré.

A mille sourds objets que de fois j'ai narré
Mes peines, mes douleurs, hélas! l'une après l'une!
Songeant au monde aveugle, à l'aveugle fortune,
A ma Dame, à l'Amour, j'ai chanté, j'ai pleuré.

Le sommeil est banni, le repos m'abandonne,
Mes transports précédant, moins souples à dompter,
Les larmes qu'à mes yeux mon âme fait monter.

L'aube aura vu ces pleurs. Puis l'Aurore rayonne,
L'air renaît de la nuit plus brillant sous ses feux;
Mais moi... mon soleil seul me rend moins ténébreux.

LAURE MÉRITE LE COURROUX DE L'AMOUR.

(S'una fede amorosa, un cor non finto)

Si la foi sans espoir en une âme sans feinte,
Une douce langueur, un désir contenu
Parmi de nobles feux sans cesse entretenu,
Un long égarement dans un noir labyrinthe,

Un front où seulement se peut lire une plainte
Dont on entend à peine un mot interrompu
S'échapper, par la crainte et l'orgueil retenu,
Où siége une pâleur quelquefois d'amour teinte ;

Si vivre dans autrui, plus que soi le chérir,
Soupirer nuit et jour, de larmes se nourrir,
Sentir des traits cruels dans une plaie ouverte ;

Si brûler dans l'absence, être froid rapproché,
A mérité qu'Amour ait conjuré ma perte,
Pour moi seul est la peine et de vous le péché.

FÊTE ET PROMENADE DES DOUZE DAMES
DE LA COUR D'AMOUR ET DE LEUR PRÉSIDENTE.

(Dodici donne onestamente lasse)

J'ai vu douze beautés doucement entraînées
Comme autour d'un soleil douze astres scintillants
Dans un frêle bateau qui de ses joyeux flancs
En cadence pressait les ondes étonnées.

Telles ne voguaient point sur des mers fortunées
La nef portant Jason vers des bords opulents,
Ni celle que maudit Troie en ses murs croulants,
Qui toutes deux au monde ont été tant prônées.

— Et puis je les revis dans un char triomphal,
Et près d'elles ma Laure au maintien virginal
A demi-voix chantait pure, sainte et fidèle.

Trop rapides instants, céleste vision,
Batelier trop heureux, heureux Automédon
A qui s'est confiée une troupe si belle !

Château de Chassay, près Nantes.

LA BOUTURE.

(Amor con la man destra il lato manco)

Amour de sa main droite ouvrit mon côté gauche
Me plantant un laurier, juste au milieu du cœur :
Un laurier si brillant d'éclat et de couleur
Qu'il vaincrait l'émeraude et le cristal de roche.

Si pour le cultiver, en place de la pioche,
Je pris la plume en main, pire était le labeur
Et mon travail fut tel que son aimable odeur
Le baume surpassa lorsque aux prés on le fauche.

Gloire, puissance, grâce, honneur, célébrité,
Sous un voile céleste une chaste beauté,
Tels sont ses rejetons et sa noble racine.

Je le porte en mon sein dans les lieux de mon choix,
Je lui parle humblement, bénissant un tel poids,
Et le sanctifiant, le révère et m'incline.

Livourne, 1867.

* CONTRE LA COLÈRE.

(Vincitore Alessandro l'ira vinse)

Alexandre vainqueur à son courroux permit
De le vaincre et fut moindre en cela que Philippe.
Qu'importe à son honneur d'ordonner que Lysippe
Seul modelât des traits qu'Apelles seul peignit !

La rage chez Tydée à tel point atteignit
Qu'il rongeait de ses dents les chairs de Ménalippe ;
Elle aveugla Scylla dont on a fait un type
D'excès si délirants que la mort s'ensuivit.

Si Valentinien eût médité l'histoire,
Une bizarre fin n'eût pas flétri sa gloire.
Ajax, vengeant autrui, contre soi devint fort.

La colère est folie : à temps qui ne la dompte
Change en longue démence une ire belle ou prompte,
S'exposant à la honte et parfois à la mort.

SUR UN BAISER QU'UN PRINCE ÉTRANGER AVAIT DONNÉ
A LAURE DANS UNE FÊTE.

(Real natura, angelico intelletto)

O royale nature, âme vraiment divine,
Esprit sûr, coup d'œil prompt, regard de loup-cervier,
Providence qui court, mais sans rien oublier,
Bien digne d'animer une telle poitrine ! —

Les dames étaient là, prises, on l'imagine,
Parmi l'aimable essaim qui sait tout allier.
Au milieu de la fête *il* sut, tout en premier,
Voir le plus frais visage et la plus noble mine.

Aussitôt, à l'écart, d'un geste de sa main,
Repoussant la naissance et la haute fortune,
Il choisit la vertu qui rayonnait en une ;

Et l'attirant à soi de l'air le plus humain,
Il baisa *son* beau front et fit rougir chacune.
Ce souvenir m'est cher et pourtant m'importune.

* LA PASSION ET LA COMPASSION.

(L'alto signor, dinanzi a cui non vale)

Ce tyran qu'on ne peut par la fuite éviter,
Avec lequel ruser ne serait point de mise
Et lutter, moins encor ; d'un seul trait, à sa guise
Alluma mes esprits, le sachant bien jeter ;

Trait choisi, sûr, brûlant, dont il put se vanter.
D'un tel coup si jadis lui suffit l'entreprise,
Une flèche nouvelle il a naguère prise
Et sait dans tous les sens en mon cœur la planter.

Quand la première plaie est toute encor de flamme,
L'autre en larmes s'épand, car la compassion
Fut la flèche, et vos maux en sont l'occasion.

Cet ancien incendie où toujours je m'enflamme
Ne s'éteint pas des pleurs que verse l'amitié,
Et le désir s'accroît d'une tendre pitié.

SON CŒUR AU COTEAU DE VAUCLUSE.

(Fresco, ombroso, fiorito e verde colle)

Colline aux verdoyants abris,
Où s'en vient celle qui fait croire
Sur terre aux célestes esprits
Et du monde ravit la gloire ;

Mon cœur guidé par ma mémoire
Te rejoint : c'est là qu'il fut pris ;
Il cherche de *ses* pieds d'ivoire
La trace en tes gazons fleuris.

Sûr de ne pas la méconnaître,
Il tressaille en comptant leurs pas
Et de loin appelle son maître...

Lui tel qu'une pierre est là-bas.
Cependant elle rit. — Hélas !
Beaux lieux, vous avez tout mon être !

A CEUX QUI L'ACCUSENT D'EXAGÉRATION.

(Parrà forse ad alcun che 'n lodar quella)

Quelques-uns trouveront qu'en voulant louer celle
Que j'adore ici-bas, mon style est affecté,
La faisant sur toute autre aimable avec fierté,
Sainte, sage, agréable, et vertueuse et belle.

Moi je crois le contraire, et je crains même qu'*Elle*
Ne le taxe à son tour de trop d'humilité,
Son nom d'un ton plus haut devant être chanté.
— Vous doutez ; voyez-la, puis dites-m'en nouvelle. —

« Mais, dira-t-on alors, quel étrange dessein !
« Mantoue, Athènes, Smyrne et l'une et l'autre lyre
« Se tairaient : l'orgueilleux ! à quel but il aspire !

« Une langue mortelle à cet objet divin
« Ne saurait point atteindre, et lui!... » — L'amour m'ins[pire]
Je chante non par choix, hélas ! mais par destin !

PRESSENTIMENTS PENDANT L'ABSENCE DERNIÈRE.

(Qual paura ho, quando mi torna a mente)

Quelle peur me saisit quand mon penser me rend
Ce jour où je laissai, triste d'air et de pose,
Ma dame..... avec mon cœur! Il n'est aucune chose
Qui me vienne à l'esprit si vive et plus souvent.

Je la revois encor se tenant humblement
Parmi d'autres beautés : telle paraît la rose
Entre des moindres fleurs. Elle rêvait sans cause :
— Avant de le sentir on redoute le vent. —

Elle avait déposé l'élégance ordinaire,
Les perles, les bouquets, les joyeuses couleurs,
Les rires, les chansons, le parler débonnaire.

Ainsi je t'ai quittée, ô ma vie, et sans pleurs!
De noirs pressentiments, de sinistres lueurs
M'assaillent aujourd'hui, fatal visionnaire!

* PRÉSAGES ET SONGES FUNESTES.

(O misera ed orribil visione!)

Ai-je rêvé? — Funeste, horrible vision!
Est-il donc vrai qu'hélas! soit éteinte avant l'heure
Cette vive clarté, l'espérance meilleure
D'un pénible trajet, ma consolation?

Comment se pourrait-il?... La désolation
Serait universelle, et joint à ma demeure
Par d'autres messagers, l'avis. Non, qu'elle meure,
Dieu ne le permettrait. Changeons d'opinion!

Changeons-en. Espérons de me repaître encore
Du radieux aspect d'un visage adoré
Qui seul me réconforte et notre siècle honore.

— Ah! si pour nous quitter, sur le premier degré
De l'éternel séjour, la face au ciel tournée,
Elle monte, invoquons ma dernière journée!

CONTRE LES VOYAGES ET L'ABSENCE.

—

(O dolci sguardi, o parolette accorte!)

O frais visage, ô voix touchante et tendre,
Quand vous verrai-je, ah! quand vous dois-je entendre?
Liens aimés, ô longs et blonds cheveux,
Amour m'a pris et me tient dans vos nœuds!

Aspect charmant dont je n'ai pu défendre
Mes yeux surpris, condamnés à répandre
Autant de pleurs qu'ils ont jeté de feux!
Fraude d'amour, plaisir trop douloureux!...

— Et si jamais tombe sur votre esclave
Un doux regard de ce bel œil suave
Où mon espoir dès longtemps se logea,

Tout aussitôt la Fortune me mande
Barque et rameurs que sa haine commande,
Ou les chevaux sont là, tout prêts déjà!

* LA MAIN SUR LE VISAGE.

(In quel bel viso, ch'i' sospiro e bramo)

Mes yeux se repaissaient d'ardente songerie
Sur ce visage aimé, par mes soupirs élu,
Quand Amour y posa, me disant : « Rêves-tu ? »
La main, cet autre objet de mon idolâtrie.

Mon cœur, trop occupé d'une image chérie,
Ne rendit pas mes sens à ce qu'ils avaient vu ;
J'étais comme un oiseau retenu dans la glu,
Comme un poisson muet qu'un filet contrarie.

Toujours songeant, pourtant, mes yeux sans s'alarmer
Jusqu'au but désiré s'ouvrirent le passage
Qu'on venait embellir en le voulant fermer :

A travers cette main je voyais son visage ;
Ensemble, l'un et l'autre enchantèrent mon cœur,
Saisi d'une ineffable et nouvelle douceur.

SONNET DE RÉPONSE.

(Cercato ho sempre solitaria vita.)

Vivre seul à l'écart, tel fut mon vœu toujours ;
Vous le savez, forêts, campagnes et rivages,
Qui m'avez abrité loin de ces esprits sourds,
De ces louches esprits qui ferment tous passages

Aux pèlerins du ciel ; et depuis bien des jours,
Quand du pays toscan j'ai fui les douces plages,
Vous me posséderiez ; la Sorgue dans son cours
Entraînerait mes chants, mes pleurs sous vos ombrages,

Si le Destin, contraire à mon plus cher désir,
Ne me reconduisait en ces lieux où la fange
Écume et se soulève aux pieds de mon bel ange.

— Du moins dans cet instant le pourrai-je bénir : [20]
La main qui vous écrit vous découvre mon âme...
Nous nous comprenons bien, moi, l'Amour et ma dame.

LAURE DOIT ÊTRE LE MODÈLE DE SON SEXE.

(Qual donna attende a gloriosa fama)

Si pour un grand renom de noblesse, d'honneur,
De vertu, de bon sens, soupire quelque femme,
Qu'elle attache ses yeux sur celle que mon cœur
Nomme son ennemie et le monde ma dame.

Comme on aime son Dieu, comme on échappe au blâme,
Comme avec l'enjoûment est jointe la pudeur,
Ici l'on apprend tout, et, seul vœu de son âme,
L'unique et droit chemin pour aller au Seigneur ;

Un langage au-dessus de la vaine science,
Un silence mêlé de rêve et de prudence,
Des mœurs..... mais au papier que dire en en parlant?

— La beauté qui nous fait abaisser les paupières
Nulle part ne s'apprend, et ces douces lumières
Sont un don du hasard et non pas un talent.

* LA PERSÉVÉRANCE,

OU LA GOUTTE D'EAU CREUSE LA PIERRE.

(Aspro core e selvaggio, e cruda voglia)

Cœur sauvage et cruel, cruelle volonté,
(Sous cet air humble et doux, angélique figure)
De vos rigueurs longtemps si l'entreprise dure
Un bien pauvre trophée en sera remporté !

Quand naît l'herbe au printemps, quand meurt la fleur d'été,
Quand le jour est brillant, quand la nuit est obscure,
Toujours je vais pleurant : par ma triste aventure,
Par vous et par l'Amour le sujet m'est prêté.

Mais l'espoir me soutient, ayant la souvenance
Qu'une goutte qui tombe avec persévérance
Des marbres vient à bout, du solide rocher.

Il n'est de cœur si dur qu'on ne puisse toucher
En priant, en pleurant, en aimant, et point d'âme
Dont le vouloir si froid à la fin ne s'enflamme.

* COLONNE ET LAURIER.

AU CARDINAL COLONNA.

(Signor mio caro, ogni pensier mi tira)

Mon cher Seigneur, chacun de mes pensers m'inspire
D'aller vous retrouver, bien que toujours présent ;
Mais le sort par malheur (pourrait-il être pire?)
Entrave ces projets ou les disperse au vent.

Amour, qui, sans repos, veut que pleure ou désire
Ce cœur qu'un double choix devrait rendre content,
Sait trop que, jour et nuit, j'exhale en mon martyre,
Nommant mes deux flambeaux, des soupirs qu'il entend.

Protection de maître et servage de Dame,
Fers bénis, ont formé la chaîne de mon âme
Que, moi-même attachant, je choisis à dessein.

Un laurier verdoyant, une illustre colonne,
Lustres, lustres encore et dont le nombre étonne,
Sans relâcher ces nœuds, j'enfermai dans mon sein.

SONNETS

COMPOSÉS APRÈS LA MORT DE LA BELLE LAURE.

* EXCLAMATIONS ALTERNATIVES.

IL CONFOND SES REGRETS SUR LA MORT DU CARDINAL COLONNA
ET DE LA BELLE LAURE EN EN APPRENANT LA NOUVELLE SIMULTANÉE.

(Oimè il bel viso ! oimè il soave sguardo !)

O doux visage, hélas ! Hélas, charmant regard !
Contenance modeste, hélas ! et pourtant fière ! —
— O parler qui brisait l'arrogante colère
Et pour lequel un lâche eût bravé le hasard ! —

— O vous, tendre souris qui me lanciez ce dard
Dont la mort désormais est tout ce que j'espère ! —
— O cœur royal ! à vous l'empire de la terre
Aurait été donné, mais vous vîntes trop tard !

Pour vous seuls il convient que je vive et soupire ;
A vous seuls j'appartins, comme à vous seuls j'aspire ;
Privé de mes seuls biens, je ne crains aucun mal !

Vous m'aviez aux débuts tout rempli d'espérances !
Je vivais de désirs..... Promesses, assurances,
Bonheur, hélas ! ont fui sous un souffle fatal !

MÊME SUJET.

(Rotta è l'alta colonna e 'l verde lauro)

La colonne est rompue et l'arbre fracassé
Qui servaient de refuge à mon esprit lassé ;
Et ce que j'ai perdu, des portes de l'Aurore,
En vain le chercherais-je aux rivages du More.

Ce trésor à grand'peine en mon cœur amassé
Où j'avais mis ma joie et mon orgueil placé,
La terre ne saurait le rendre..... et le dévore.
L'or des rois n'y peut rien, leurs ordres, moins encore !

Mais puisqu'ainsi le veut un arrêt du Destin,
Qu'y faire, hélas ! sinon avoir l'âme attristée,
Le visage abattu, la paupière humectée ?

De vingt ans de travaux le prix en un matin
M'est ravi pour toujours... et l'on vante la vie !
— La coupe a de l'éclat ; mais j'ai goûté la lie.

APPRÉHENSIONS ET SOUVENIRS.

(La vita fugge e non s'arresta un' ora)

Sans s'arrêter une heure, fuit la vie,
Et la mort vient derrière elle à grands pas ;
Brûlant jadis, puis de rien sans envie,
Dans l'avenir je vois d'autres hélas !

Toute espérance à mon sort est ravie,
Les souvenirs ne m'offrent point d'appas ;
N'était la loi dont l'âme ne dévie,
J'irais moi-même au-devant du trépas !

J'ai beau porter mes regards en arrière,
Mon pauvre cœur n'eut jamais de repos
Et devant moi je vois grossir les flots.....

Pour me guider je n'ai plus ma lumière.
Et la tempête à mon nocher lassé
Se montre au port quand mon mât est cassé.

* VANITÉ DES CHOSES MONDAINES.

(Che fai, che pensi? che pur dietro guardi)

Regardant en arrière en ces temps écoulés,
A quoi donc penses-tu, que fais-tu, ma pauvre âme?
Pourquoi donc prodiguer l'aliment à ta flamme,
Reviendra-t-il un seul de ces jours envolés?...

Ces regards, ces discours tant de fois rappelés
Et dépeints et décrits, en vain je les réclame.
Pourquoi ces souvenirs dont mon esprit se pâme,
Alors que leurs objets si loin s'en sont allés?

Renonce, ma pauvre âme, à ce vœu qui me tue;
Ne suis plus cette pente, impétueuse, ardue;
Remonte à des sentiers qui ne croulent jamais;

Cherchons le ciel, enfin, rien ne pouvant nous plaire.
Hélas! trop nous a plu cette beauté trop chère
Qui devait, vive ou morte, ébranler notre paix!

SE SENTANT PORTÉ A RETOURNER A VAUCLUSE

(Occhi miei, oscurato è 'l nostro sole)

Mes yeux, votre soleil, éclipsé, s'obscurcit
Alors que... Non, oh! non! Dédaigneux de la terre
Il monta vers le ciel ; au ciel il resplendit.
Nous l'y verrons encore et bientôt je l'espère.

Mes oreilles, pour vous le doux plaisir finit
De l'ouïr quand là-haut sa voix sut enfin plaire;
Mes pieds, tout mon effort au vôtre en vain s'unit
Pour la suivre où son aile aime à courir légère.

Or bien, restez en paix. Pourquoi me tourmenter?
Quand donc m'avez-vous vu jamais vous contester
De la voir, de l'entendre ou de l'aller rejoindre?

Vous accusez la Mort. Louez plutôt *Celui*
Qui lie et qui dénoue, et joint et peut disjoindre,
Et sait, après les pleurs, quand la joie aura lui.

TROISIÈME ANNIVERSAIRE DE LA MORT DE LAURE.

(Nell' età sua più bella e più fiorita)

Dans le bel âge encor, dans la saison vantée
Où l'amour dans les cœurs s'établit comme un roi,
Laissant son enveloppe à la terre attristée,
Laure, ma Laure a fui, se séparant de moi.

Vivante, belle et nue, au ciel elle est montée
Et de là me domine et me tient sous sa loi.
— Obtiens-moi donc enfin cette heure souhaitée,
La dernière ici-bas, la première avec toi !

Si mes pensers, jadis fidèles à tes traces,
Volent encor vers toi, donne, donne à son tour
Des ailes à mon cœur pour franchir les espaces :

Il est temps de te suivre au sublime séjour ;
Ces délais m'ont rendu l'attente trop cruelle.
Combien, voici trois ans, la mort eût été belle !

LAURE LUI APPARAIT A VAUCLUSE ET LE CONSOLE.

(Se lamentar augelli, o verdi fronde)

La plainte des oiseaux, le feuillage agité
Qui cède mollement au souffle de l'été,
Le murmure inégal de l'onde qui soupire
S'entend des bords fleuris où la douleur m'attire.

Là j'écris tout pensif ce que l'amour m'inspire [21].
Je la vois, je l'entends, vivante elle respire
Et répond aux élans de mon cœur attristé,
Celle dont ici-bas j'entrevis la beauté.

« Pourquoi t'abandonner au chagrin qui t'abreuve ?
« Pourquoi répandre ainsi les larmes comme un fleuve
« De tes yeux fatigués ? dit-elle avec amour ;

« Ne pleure plus sur moi puisque mes jours se firent
« En mourant éternels et qu'à l'éternel jour,
« Quand on les crut fermés, là-haut mes yeux s'ouvrirent! »

FORCE DE L'IMAGINATION DANS LA SOLITUDE.

(Alma felice, che sovente torni)

Ame, ô toi qui souvent retournes débonnaire
Pour consoler mes nuits, ma douleur solitaire,
Avec ce doux regard que la main du trépas
Dota d'un trait céleste et ne refroidit pas :

Combien je te rends grâce, en tes divins appas,
De t'offrir à ma vue et de suivre mes pas !
Je retrouve présents à ton jour qui m'éclaire
Tes charmes, tes beautés dans leur site ordinaire.

En ces lieux, tu le vois, je te pleure à grands pleurs
(Non pas toi, mais moi-même et mes longues douleurs)
Où je t'allai chantant mainte et maintes années ;

Et je n'ai de repos en mes tristes journées
Qu'à te bien reconnaître alors que tu descends
Au visage, à la voix, au geste, aux vêtements.

CONSEILS DE SON AMIE.

(Nè mai pietosa madre al caro figlio)

Avec tant de soupirs et tant d'incertitude
Jamais la tendre mère à son fils préféré
Ni l'épouse enflammée à l'époux adoré,
N'ont donné des avis dans leur sollicitude.

O conseils précieux ! Sur mon exil trop rude
Elle abaisse les yeux du séjour éthéré ;
Tendre comme autrefois, son regard inspiré
Se pare doublement d'amour, d'inquiétude.

C'est une mère en pleurs, une amante qui craint :
Le feu dont elle brûle en son discours se peint ;
Elle indique l'écueil aux sentiers de la vie.

J'apprends qu'elle m'a vu lorsque je l'ai suivie
Et je l'entends prier pour mon départ prochain.
— Quand elle parle ainsi, quelle paix dans mon sein !

MÊME SUJET.

(Se quell' aura soave de' sospiri)

Cette brise suave et qui passe et qui tourne
Me semble de ma dame être encore un soupir :
Oui, pour nous aimer mieux du ciel elle retourne :
Vos cœurs en l'entendant mourraient d'un beau désir;

Tant jalouse et pieuse, aux lieux où je séjourne
Elle vient, redoutant, non de me voir souffrir
Dans le seul bon chemin, mais que je m'en détourne
Et ne prenne à main gauche ou n'aille revenir.

Voler haut, aller droit, est sa leçon chérie ;
Et moi, lorsque j'entends sa chaste flatterie
Et sa juste prière, et son ton doux et bas,

Il convient qu'à son gré je me règle et me plie,
Vaincu par le pouvoir d'un discours plein d'appas
Qui tirerait des pleurs d'une pierre polie.

* LE NOBLE ÉCHANGE.

(L' alma mia fiamma oltra le belle bella)

Mon astre, ma lumière, entre les belles, belle,
Qui sut se conserver les cieux toujours amis,
Avant le temps retourne à son divin pays,
Rejoignant son étoile aussi brillante qu'elle.

Or son départ m'éveille, et sur notre querelle
Faisant réflexion, je comprends mieux et dis
Qu'à mes jeunes ardeurs, pour mon vrai bien jadis,
Elle opposa, changeante, une douceur cruelle.

J'en rends grâce à ce don qui parfois me déplut
De savoir de dédain colorer son visage,
Montrant, charmante ainsi, le vrai port du salut.

Heureux art dont l'aspect fut agréable et sage,
Je bénis tes effets ! Mes plaintes et ses yeux
Sont auteurs de sa gloire et m'ont fait vertueux !

ALLITÉRATION.

(Quand' io veggio dal ciel scender l'Aurora)

Lorsque je vois du ciel redescendre l'Aurore,
Portant au front la rose et dans ses cheveux l'or,
Amour vient m'assaillir et je me décolore,
Et dis en soupirant : Là-haut Laure est encor !

Tu sais, heureux Tithon, quelle heure voit éclore
Aux bords de l'Orient ton aimable trésor ;
Mais que ferai-je, moi ? ce laurier que j'implore,
Mon esprit l'aura joint lors du dernier essor !

Vos adieux, votre absence, époux, est bien moins dure,
Car dans l'ombre vers toi retourne la beauté
Qui ne méprise point ta blanche chevelure.

Pour moi la nuit est triste et la journée obscure ;
Celle qui m'a tout pris, qui m'a tout emporté,
M'a seul laissé de soi le *nom*[22] que j'ai chanté.

IL SONGE A LA GLOIRE, MAIS TROP TARD.

(S'io avessi pensato che sì care)

Si j'avais pu prévoir que mes soupirs en rime
Auraient un jour ce prix, pendant mes jours heureux,
En un style plus rare, en un choix plus nombreux,
J'aurais fait soupirer cette ardeur qui m'anime.

Mais celle qui siégeait à la plus haute cime
De mes pensers, dictant mes propos amoureux,
N'est plus, et pour mes vers, âpres et douloureux,
Je ne saurais trouver une assez douce lime.

Certes, en ce temps-là, pour soulager mon cœur
Je chantais et non point pour vivre en *leur* mémoire,
Laissant couler mes pleurs sans songer à la gloire.

Des succès aujourd'hui je comprends la douceur ;
Mais de loin je l'entends qui, plus fière et plus belle,
Las, abattu, sans voix, à sa suite m'appelle.

* EXCES DE SA DOULEUR ET TRISTE DESTIN DES HOMMES.

—

(Soleasi nel mio cor star bella e viva)

D'ordinaire en mon cœur tu siégeais, belle et vive,
Comme une suzeraine en lieu rustique et bas ;
Non plus mortel, mais mort, hélas! tu me laissas,
Déesse, t'envolant d'une aile fugitive.

Ma pauvre âme assaillie et de son bien qu'on prive,
Amour vers son fanal tendant en vain les bras,
Devraient être complaints des rocs mêmes ; hélas!
Il n'est, voyant leur deuil, qui le narre ou l'écrive!

Tous deux pleurent ensemble où, pleine de soupirs,
Au point qu'à soupirer se bornent mes désirs,
Seule ma triste oreille à leurs cris n'est point sourde.

Vraiment nous sommes cendre et nuit avant le soir;
La volonté, vraiment est aveugle, ivre et lourde;
Vraiment fallacieuse est l'ombre de l'espoir !

RÉTRACTATION.

(I' mi soglio accusare, ed or mi scuso)

M'accusant d'ordinaire en rimes soucieuses,
Je me veux disculper. Si je m'estime ainsi,
C'est de la prison noble où j'ai vécu transi,
Du coup dont j'ai caché les traces glorieuses.

Combien rapidement, ô Parques envieuses,
Vous brisâtes ce fil dont un fuseau choisi
Alimentait la trame où mon cœur fut saisi,
Cette flèche dorée aux pointes précieuses !

— La mort en a perdu toute son âpreté ; —
Et de *ses* jours on vit, de paix, de liberté,
L'âme la plus éprise, y renoncer pour *Elle*.

Préférant soupirer vers sa beauté cruelle
A chanter près d'une autre, on se trouvait heureux
De mourir de ses traits ou de vivre en ses nœuds.

IL REDEMANDE SA DAME.

(Ov' è la fronte che con picciol cenno)

Où sont et le front pur et les charmants sourcils
Qui d'un signe tournaient mon cœur à leur manière?
Où sont ces deux yeux noirs, les astres où sont-ils
Qui me marquant le temps me donnaient la lumière?

Où sont les doux rayons échappés de *ses* cils?
Cette vertu sans prix, cette droiture entière,
Et cet accueil égal et ces discours gentils,
Qui m'ont conduit vingt ans ainsi qu'à la lisière,

Où sont-ils, où sont-ils? Où sont tant de beautés
Qu'en *Elle* sans compter assembla la nature?
Où l'ombre a-t-elle fui de sa douce figure?

Là se rafraîchissaient mes esprits attristés,
Là naissaient mes pensers dans une paix profonde:
Où donc est-elle enfin? Pauvre moi! pauvre monde!

IL PORTE ENVIE AU CIEL ET A LA TERRE.

(Quanta invidia ti porto, avara terra)

Combien je te l'envie, ô terre, avare terre !
Tu l'embrasses ici, son aspect m'est ôté ;
Tu me disputes l'air où vivait la beauté
Dont me venait la paix au milieu de la guerre !

Je te l'envie, ô ciel ! Tu retiens dans ta sphère,
Tu gardes pour toi seul avec cupidité
Des membres délivré son esprit transporté
Dans ces lieux qui pour nous, hélas ! ne s'ouvrent guère !

Ames, je vous l'envie, ô vous dont l'heureux sort
Est d'avoir à présent sa sainte compagnie,
Que toujours ici-bas j'ai cherchée et bénie !

Je te l'envie aussi, dure et cruelle Mort !
Ta main froide éteignit toute ma vie en elle :
Tu règnes dans ses yeux sans que ta voix m'appelle.

* EXCURSION.

(Valle che de' lamenti miei se' piena)

Fleuve grossi du torrent de ma peine,
Vaucluse, ô toi le plus doux des vallons,
Chevreuils des bois, vifs oiselets, poissons
Qu'un vert rivage en votre course enchaîne;

De mes soupirs plus chaude et moins sereine
Brise sensible et sentiers brefs ou longs,
Des frais coteaux entamant les gazons
Quand j'y marchais, quand Amour m'y ramène:

Vous me plaisiez, toujours je vous cherchais
Vous m'affligez, mais je vous reconnais;
Oui, votre aspect garde la même grâce.

Seul de mon front se lit le changement
Quand je viens voir par ces sentiers comment
Au ciel monta mon bien, sans laisser trace.

EXTASE.

(Levommi il mio pensier in parte ov'era)

Cherchant, les yeux en haut, dans la demeure sainte,
Celle qu'en ces bas lieux je ne puis plus revoir;
Parmi les bien-aimants je sus l'apercevoir,
Embellissant leur ciel et de douceur empreinte.

Elle me prit la main et dit : « En cette enceinte
« Tu seras avec moi, si j'en crois mon espoir;
« C'est moi, moi qui jadis t'inspirais tant de crainte
« Et j'ai clos ma journée avant que vînt le soir.

« Le bonheur des élus ne saurait se comprendre;
« Viens; ici je t'attends et, par toi trop vanté,
« Sur la terre là-bas mon beau voile est resté. »

— Pourquoi te taire, dis? ta voix était si tendre!
Ah! rends-moi cette main! Pourquoi m'as-tu quitté?
J'étais hôte du ciel, hélas! rien qu'à t'entendre!!

IL COMPARE LE PRÉSENT AU PASSÉ.

(Amor, che meco al buon tempo ti stavi)

Amour! doux compagnon des jours de mon bel âge,
Tu venais avec moi le long de ce rivage,
Et quand nous réglions d'anciens comptes tous deux,
Du fleuve nos discours y retraçaient les jeux.

Fleurs, feuilles, prés, zéphyrs, antres, ondes, ombrage,
Vaucluse! et vous, coteaux, et toi, brillante plage;
Beau port où j'abritais mes ennuis amoureux,
Ma fortune diverse et mon front nuageux!

Vous, furtifs habitants de ces vertes demeures,
Oiseaux, nymphes, et vous qu'au fond de ces roseaux
Gardent et font grandir les liquides cristaux,

Peuple heureux! près de vous combien de douces heures!
Mes jours, qu'elle a frappés, sont noirs comme la Mort.
— En venant en ce monde on apporte son sort.

IL IMPLORE SA DAME A VAUCLUSE.

(Anima bella, da quel nodo sciolta)

Chère âme maintenant échappée à ces nœuds,
Les plus beaux que jamais ait formés la nature,
Abaisse tes pensers sur ma pensée obscure,
D'un vol si haut tombée aux pleurs silencieux.

Des appréhensions de ton cœur rigoureux,
Qui me firent jadis ta présence si dure,
Le temps est déjà loin : là-haut tout te rassure ;
Écoute mes soupirs, tourne vers moi les yeux.

Regarde ce rocher, cette grotte profonde,
D'où s'élance la Sorgue, et là, près de son onde,
Tu verras un amant qui vit de souvenir.....

Du séjour où jadis notre amour prit naissance,
Que les tiens t'avaient fait un lieu de déplaisance,
Sur ces bords verdoyants je viens pour t'obéir.

LES TRACES DE SON AMIE.

(Quel sol che mi mostrava il cammin destro)

Ce soleil qui pour moi luisait dans la carrière
Où l'on va vers le ciel d'une allure si fière,
En retournant lui-même au suprême soleil,
A laissé de ses fers le terrestre appareil,

A laissé ma clarté sous quelques blocs de pierre.
C'est pourquoi d'un pied lourd, du fond de ma tanière
Je vais au fond des bois, fuyant le jour vermeil,
Et le monde à mes yeux aux déserts est pareil.

Errant je cherche seuls les lieux où je l'ai vue :
Viens, Amour, avec moi pour éclairer mes pas !
Je ne la trouve plus ; mais qu'aperçoit ma vue ?

Des vestiges sacrés que je ne confonds pas :
Tous vont au divin but et moi je me prosterne,
Les voyant s'écarter du chemin de l'Averne.

* C'EST EN VAIN QU'IL VOUDRAIT FAIRE CONNAITRE SA DAME.

(Quella per cui con Sorga ho cangiat' Arno)

Celle pour qui la Sorgue à l'Arno je préfère
Et pour qui j'échangeais une pauvreté fière
Contre un lien doré, m'a tourné sa douceur
En profonde amertume et ma joie en douleur.

Déjà plus d'une fois j'entrepris à notre ère
De chanter ses attraits d'une voix moins sévère,
Amollissant mon style ou changeant ma couleur
Pour rendre leurs beautés dans leur plus tendre fleur.

Toujours je l'ai louée et jamais autre femme :
Des traits en elle épars comme étoiles aux cieux,
J'esquissais en tremblant, tantôt un, tantôt deux.

Arrivant à cette heure à parler de son âme,
Soleil qui m'éblouit, lieu sacré, monde à part,
Le courage me manque et le génie et l'art.

MÊME SUJET.

(L' alto e novo miracol ch' a' dì nostri)

Le prodige éclatant que nous vîmes un jour
Apparaître à la terre et se détourner d'elle,
Que le Ciel nous montra dans sa forme mortelle
Et reprit pour orner un immortel séjour :

De le dépeindre à tous j'ai l'ordre de l'Amour,
De l'Amour qui jamais ne me trouva rebelle,
Et j'ai fait mille fois tentative nouvelle,
Épuisant mon esprit, mon encre tour à tour.

Jamais jusqu'au sujet ne s'élève ma rime :
Ici je le confesse, et d'autres le diront
Qui de parler d'amour un jour se mêleront.

Celui qui sent le vrai, silencieux, estime
Avoir vaincu tout style..... Or donc en soupirant:
Bienheureux qui l'ont vu, le prodige éclatant !

LE RETOUR DU PRINTEMPS.

(Zefiro torna, e 'l bel tempo rimena)

Zéphyre arrive, et le beau temps ramène,
Il fait partout éclore herbes et fleurs,
Naître la rose aux vermeilles couleurs,
Chanter Progné, soupirer Philomène [23].

Le vallon rit, le ciel se rassérène ;
Jupin d'en haut admire ces splendeurs.
Tout de l'amour recherche les douceurs,
La terre, l'air, l'onde même en est pleine.

Mon cœur retourne aux soupirs douloureux
Qu'en tire encor du séjour bienheureux
Celle qui fut sa geôlière et sa reine.

Les prés en fleurs, les oiseaux et leur chant,
De nos beautés la grâce et l'air touchant
Plus qu'un désert irriteraient ma peine !

RIEN NE SAURAIT LE SURPRENDRE NI LE CHARMER.

(Nè per sereno ciel ir vaghe stelle)

Ni par les cieux étoiles voyageuses,
Ni par les champs beaux et fiers étrangers,
Ni dans les bois faons joyeux et légers,
Ni sur les mers voiles blanches nombreuses ;

Ni d'un bien cher des nouvelles heureuses,
Ni de l'amour les discours mensongers,
Ni dans les prés ou sous les orangers
Douces chansons de femmes vertueuses ;

Ni rien jamais ne touchera mon cœur,
Tant a su bien sous sa pierre avec elle
L'ensevelir cet *Astre*, mon miroir.

Pour moi la vie est un poids de douleur :
Je veux mourir, afin de revoir *celle*
Qu'il eût valu mieux encor ne pas voir.

DÉSIR PIEUX.

(Passato è 'l tempo omai, lasso! che tanto)

Le temps n'est plus, hélas! et je l'appelle en vain,
Où je vivais glacé dans une flamme ardente;
Celle n'est plus, pour qui j'écris et me lamente;
Mais elle m'a laissé ma plume et mon chagrin.

La figure n'est plus, si sainte et si charmante;
Mais j'ai là deux beaux yeux, seul trésor de mon sein [24],
Car mon cœur a suivi, m'échappant à la fin,
Celle qui l'avait pris dans un pli de sa mante.

Sous terre il est près d'elle; il est près d'elle au ciel,
Où maintenant triomphe une vertu si pure,
Couronnée à jamais d'un laurier sans souillure.

Quand donc, libre à mon tour de ce voile mortel,
Pourrai-je, déposant mes chaînes douloureuses,
Les rejoindre au milieu des âmes bienheureuses?

IL AVAIT EN VAIN COMPTÉ SUR L'EFFET DU TEMPS.

(Tutta la mia fiorita e verde etade)

Déjà passait l'éclat de notre été prospère,
Ces feux s'attiédissaient que l'automne modère;
Ma barque était venue à ce point redouté
Où redescend la vie après avoir monté.

Déjà de ses soupçons ma charmante adversaire
Se montrait chaque jour plus près de se défaire,
Et mon chagrin cruel si longtemps rebuté
Faisait sourire enfin sa douce honnêteté.

C'était bientôt le temps où l'Amour se rencontre
Avec la Pudeur sainte, où deux amants amis
Disent ce qui leur vient, l'un près de l'autre assis.

La Mort vit l'Espérance et vint à sa rencontre;
Au milieu de sa course elle arrêta ses pas,
M'enviant un destin, hélas, trop plein d'appas!

RETOUR A VAUCLUSE.

(È questo 'l nido in che la mia fenice)

De mon phénix voici le nid ;
Là brillaient ses plumes dorées,
Là, sous ses ailes empourprées,
S'échauffait mon cœur, mon esprit.

C'est là que mon doux mal naquit :
Où sont ces formes adorées,
Ces beautés sans cesse implorées?
Le ciel à la terre les prit.

Que ma vie est triste et chétive !.....
Mon deuil me ramène en ces lieux ;
Tu les parais, je les cultive.

Tout est sombre sur cette rive
D'où tu pris ton vol vers les cieux,
Et que seuls éclairaient tes yeux !

IMPRÉCATIONS CONTRE LA MORT.

(Or hai fatto l'estremo di tua possa)

Tu fais bien voir, ô Mort, jusqu'où va ton audace,
Au règne de l'Amour tu ravis sa splendeur,
Tu flétris la beauté dans sa plus noble fleur
Et caches nos trésors dans un étroit espace !

Tu prends les ornements, le souverain honneur
De ce siècle éploré qui demandait *sa* grâce ;
La renommée... Oh ! non. Là ton pouvoir s'efface :
A toi les ossements, rien n'atteint sa hauteur !

Son âme est remontée et le ciel se fait gloire,
Comme d'un beau soleil, de sa vive clarté.
Le monde, ici, des bons gardera sa mémoire.

Nouvel ange, du sein de ta grande victoire,
Que ton cœur soit vaincu par la bénignité
Comme le mien jadis le fut par ta beauté !

IL ACCUSE LA MORT ET L'IMPLORE.

(L' aura e l' odore e 'l refrigerio e l' ombra)

Les parfums, le vent frais, qu'en écoutant cette onde,
A l'ombre du laurier je venais respirer;
Son aspect dont ma nuit aimait à s'éclairer,
La Mort me les ravit en dévastant le monde [25].

Telle du beau Phœbus la chevelure blonde,
Lorsque sa brune sœur nous en vient séparer,
Tel s'éclipsa mon astre, et je dois implorer
La main de cette Mort qui de larmes m'inonde.

Votre sommeil fut court, ô charmante beauté;
Vous vous en réveillez au séjour de clarté,
Où dans son Créateur notre âme est abîmée [26].

Ah! si j'osais compter sur mes faibles écrits,
Parmi les plus grands cœurs, les plus nobles esprits,
Je ferais ici-bas vivre ta renommée!

L'ADIEU DES DERNIERS REGARDS.

(Quel vago, dolce, caro, onesto sguardo)

Cet honnête regard si prudent et si tendre
Me disait : « Prends de moi tout ce que tu peux prendre,
« Car jamais plus ici ne me verront tes yeux
« Lorsque tes pas tardifs auront quitté ces lieux. »

Plus prompt qu'un léopard, moins facile à surprendre,
Comment à ton malheur ne sus-tu point t'attendre,
De prévoir les douleurs, esprit peu soucieux,
Et lire sur son front comme on lit dans les cieux?

— Brillant dans le silence et plus que de coutume,
Il me disait encor : « Cet œil noir qui s'allume
« Sous le rayon du mien dont il fait son miroir,

« Qu'il me cherche là-haut : voici pour moi le soir.
« De mes liens *celui* qui sitôt me dégage
« Veut pour mieux t'éprouver laisser ce soin à l'âge. »

IL MANDE SES VERS AU TOMBEAU DE LAURE.

(Ite, rime dolenti, al duro sasso)

Allez, rimes de deuil, à cette dure pierre
Qui cache mon trésor dans une avare terre ;
Appelez en pleurant qui vous répond du ciel,
Bien qu'en ces lieux obscurs soit son voile mortel.

Dites-lui, dites-lui que je me désespère
Et suis las d'affronter les vents et l'onde amère ;
Mais que pour recueillir son feuillage immortel
Je reviens sur ses pas dans mon exil cruel.

D'*Elle* seule parlant, vivante ou trépassée,
—Vivante...Eh quoi! là-haut sa gloire est commencée :—
Le monde va par moi la connaître et l'aimer.

Qu'elle me soit propice au moment du passage
Si prochain désormais ; que sa voix m'encourage !
Puisse-t-elle vers moi descendre et me nommer !

LAURE EST VIVANTE POUR LUI.

(Tornami a mente, anzi v' è dentro, quella)

Je la revois, mais elle est dans mon cœur,
L'ingrat Léthé ne l'en a point bannie,
Telle qu'aux jours de sa saison fleurie,
Où son étoile était dans sa splendeur.

Et son aspect est si plein de douceur,
En elle-même elle est si recueillie,
Que, la croyant encor pleine de vie,
De quelques mots j'implore la faveur.

Tantôt j'obtiens une sainte parole,
Souvent aussi nul son ne me console :
Eh quoi ! mon cœur, ne le sais-tu donc pas?

L'an mil-trois-cent-quarante-huit, hélas !
Le six avril, et sur la première heure [27],
Cette belle âme a quitté sa demeure.

* SA VUE BAISSE; MAIS IL N'EN A DÉSORMAIS QUE FAIRE.

—

Questo nostro caduco e fragil bene)

Trésor, de nous chéri, fragile autant que rare,
Qui n'es qu'ombre, vapeur, et qu'on nomma beauté,
Jamais on ne te vit, en ce siècle excepté,
Complet en un seul corps : la nature est avare.

Ou, juste, convient-il qu'elle embellisse et pare
De riches favoris, couvrant d'obscurité
Les pauvres de ses dons? Tous en une ont été
Versés à pleines mains : j'en pleure et le déclare.

— O belles, excusez pareille assertion,
Et vous qui croyez l'être! — A notre ère apparue,
Sans égale, voilée et presque inaperçue

Cette beauté passa. La diminution
Que j'éprouve en ce peu qui lui convint de vue
M'est donc plutôt un bien, puisqu'elle est disparue.

10

SAINTES PENSÉES.

(O tempo, o ciel volubil, che fuggendo)

O temps, ô ciel mobile, ô jours plus prompts à fuir
Que les vents, que le dard qui ne peut revenir!
Des aveugles mortels dans une longue enfance
Vous abusez l'espoir : j'en ai l'expérience.

Pourquoi vous accuser? C'est moi qu'il faut punir!
Mon aile s'élevait par un noble désir,
Mes yeux voyaient le ciel et, saisi de démence,
J'ai couru vers ma perte. O honte! ô pénitence!

De chercher le repos c'est l'heure désormais
(Et même elle est passée), et d'invoquer la paix :
Dirige-toi, mon cœur, vers le meilleur asile.

Je ne crains plus ton joug, Amour, et tu le sais;
Mais afin de guérir les maux que tu m'as faits,
Je rapprends la vertu, science difficile!

*IL PRIE LAURE DE LUI APPARAITRE EN SONGE.

(Dolce mio caro e prezioso pegno)

Gage précieux, mon seul bien,
Que, disparu, le ciel me garde ;
Ah ! dis-moi pourquoi se retarde
De ta pitié le doux soutien !

Puisqu'en mon sommeil tu veux bien
Permettre que je te regarde,
A t'admirer je me hasarde :
Les morts ne se fâchent de rien.

Tandis qu'ici des cœurs sensibles
Se repaissent de nos tourments
Et narguent le dieu des amants.

Aujourd'hui tes yeux plus paisibles
Lisent mes peines dans mon cœur...
Viens, parais, calme sa douleur !

* LA PRÉCÉDENTE PRIERE EST EXAUCÉE.

(Deh qual pietà, qual angel fu sì presto)

Quel ange se prêta, mu d'une pitié sainte,
A présenter si prompt ma demande et ma plainte?...
Oui, je sens revenir dans l'ordinaire aspect
Ma Dame avec cet air dont naquit le respect.

Abandonnant l'orgueil et la colère feinte,
Sa douce humilité qui refoule la crainte
Calme mon cœur tremblant et par trop circonspect,
Et rend la confiance à qui tout fut suspect.

Je vis, et sans douleur! O lot digne d'envie
De pouvoir, paraissant, rendre au mourant la vie,
Ou murmurant des mots de nous deux seuls compris!

« Fidèle ami, dis-tu, que tu me faisais peine!
« Quels efforts de vertu dans ma lutte inhumaine! »
— Les astres l'écoutant se sont tous ralentis.

* NOUVELLE APPARITION.

(Del cibo onde 'l Signor mio sempre abbonda)

De larmes, de soupirs, aliment dont abonde
Le maître que je sers, mon cœur, tu te nourris :
Et je tremble souvent et souvent je pâlis
En songeant à ta plaie âpre, nue et profonde :

Mais celle qui jamais première ni seconde
N'aura, n'eut en son siècle, ose du paradis
Descendre vers la couche où dolent je languis
Et sur le bord s'asseoir, échevelée et blonde.

Compatissante, oui ; plus belle, je le crois.
Détournant mes regards en écoutant sa voix
Et ce calme parler qui tant de paix m'apporte :

« Plus de pleurs (et mes yeux sont touchés par ses doigts) :
« A quoi sert le savoir s'il ne te réconforte ?
« Oh ! que n'es-tu vivant plus que je ne suis morte ! »

LE BONHEUR DE SON AMIE NE PEUT LE CONSOLER.

(Fu forse un tempo dolce cosa Amore)

L'Amour eut-il jamais pour moi quelque douceur?...
J'en oubliai l'instant; mais je sens sa blessure.
Sait le vrai qui l'apprend, le proverbe l'assure,
Et je comprends sa force à ma grande douleur.

Celle qui fut ici de son siècle l'honneur,
Dont le ciel maintenant enrichit sa parure,
Me laissait le sommeil à petite mesure :
Il n'est plus aujourd'hui de repos pour mon cœur.

La mort m'a tout ravi de sa main ennemie,
Et cet ample bonheur d'un esprit libéré
Ne saurait consoler mon sort désespéré.

Ma voix n'a plus qu'un ton; ma lyre est endormie,
Et le jour et la nuit, pour hôte ayant le deuil,
J'épanche mes regrets par la langue et par l'œil.

Fontenay-aux-Roses, mai 1845.

ARRIVÉE DE LAURE AU CIEL.

(Gli angeli eletti e l'anime beate)

Les habitants élus de la sainte cité,
Les anges du Seigneur, les âmes bienheureuses,
Quand ma Dame arrivait aux sphères lumineuses
Venaient au-devant d'elle, admirant sa beauté.

« Quelle est, se disaient-ils, cette vive clarté?
« Jamais nous n'avons vu robes si précieuses,
« Ornements si divers et perles plus nombreuses
« Revêtir un objet de la terre monté. »

Elle, heureuse en voyant sa nouvelle demeure,
Pouvait se comparer aux plus parfaits d'entre eux,
Et pourtant, derrière elle, elle jetait les yeux,

Croyant me voir la suivre, espérant d'heure en heure.
— C'est pourquoi dans ces lieux je me plains du retard
Et je l'entends prier pour hâter mon départ.

L'*AURE* OU LA BRISE [28].

(L'aura mia sacra al mio stanco riposo)

La brise (de *son* nom je la nommai sans cesse)
Aux lieux où je languis retourne si souvent
Qu'il me semble l'ouïr quand ce souffle s'entend :
Il incite mon cœur à plus de hardiesse.

J'ose enfin lui narrer tout au long ce tourment
Né d'un puissant regard dont la douce caresse
Me mit sur ce chemin où de loin ma vieillesse
Voit l'Amour m'escorter, misérable et content.

Par le passé jamais, à peine pour me plaindre,
Avais-je ainsi risqué le récit de mes maux :
Dans ses soupirs plus doux la pitié vient se peindre;

Elle se tait, craignant d'affliger mon repos ;
Puis je l'entends pleurer... Mon âme qui sommeille
Pleure alors de ses pleurs, et la douleur m'éveille !

LE VENDREDI-SAINT.

CE JOUR CONCORDANT AVEC LE DOUBLE ANNIVERSAIRE
DE LA PREMIÈRE RENCONTRE ET DE LA MORT DE LAURE.

(Ogni giorno mi par più di mill'anni)

Je crois avoir compté des siècles, non des jours,
Depuis que je te suis, conductrice fidèle ;
Tu me guides d'en haut, tu me guidas toujours
Par la meilleure voie à la vie éternelle.

Qui peut me retenir? — Les soins et les amours
Du monde? — Il m'est connu. Quelle clarté nouvelle
Dans mon cœur a passé? Les pas du temps sont lourds
Quand notre œil entrevit la lumière immortelle !

Je ne puis redouter l'atteinte de la mort :
Pour me rendre à sa suite et courageux et fort
Notre roi l'endura parmi bien d'autres peines ;

Et de nouveau naguère elle entra dans les veines
De *celle* qu'en présent vint m'offrir le destin,
Sans troubler de son front l'aspect doux et serein.

* LE SAMEDI-SAINT.

SUITE DU MÊME SUJET.

(Non può far Morte il dolce viso amaro)

Son visage m'est doux à travers le trépas
Et ses traits à la Mort ont prêté des appas;
M'est-il donc pour mourir besoin d'une autre escorte?
D'*Elle* j'appris le bien, c'est elle qui m'exhorte!

Celui qui tout son sang ne nous épargna pas
Et qui pour les aïeux au seul bruit de ses pas
Fit tomber des enfers l'infranchissable porte
Veut aussi que sa mort m'aide et me réconforte.

Viens donc, ô Mort, viens donc; c'est le temps désormais[19]!
Je bénis ta venue, et tu m'as oublié
Ce jour-là que ma Dame a quitté cette vie :

Non, depuis cet instant je ne vécus jamais;
Au but comme en chemin je lui restai lié
Car j'avais ma journée avec ses piés fournie!

LA VIEILLESSE.

(Dicemi spesso il mio fidato speglio)

Souvent et trop souvent, miroir officieux,
Mon âme fatiguée et mon antique écorce,
Mon adresse tremblante et ma pénible force
Me disent avec vous : « Ami, te voilà vieux :

« Obéir à Nature en tout est pour le mieux;
« De ne lui rien céder c'est en vain qu'on s'efforce. »
Tel le contact de l'eau vient éteindre une amorce,
Tel m'éveille en sursaut ce discours sérieux.

Combien la vie, hélas ! rapidement s'envole !
Dis-je alors, et jamais exista-t-on deux fois?
Puis j'entends dans mon cœur une sainte parole ;

De celle qui n'est plus elle revêt la voix...
Unique de son temps et seule bien-aimée,
Aux autres elle prit toute leur renommée.

* LE SOIR DU CHRÉTIEN.

(Volo coll' ali de' pensieri al cielo)

Les ailes de l'esprit me transportent au ciel
Si souvent qu'il me semble en une extase étrange
Appartenir moi-même à la sainte phalange,
Libre d'un voile usé sur un siége immortel.

Parmi tant de bonheurs l'étonnement est tel
Que je me sens glacer quand vers moi mon bel ange
S'avance et dit : « Ami, mon cœur pour toi se change,
« Voyant changés ton front et tes mœurs. » — Doux appel!

Doux appel, au Seigneur sa bonté confiante
L'engage à me conduire et mes vœux, prosterné,
Sont que les voir sans cesse à mes yeux soit donné.

On répond : « Que t'importe encor vingt ans ou trente?
« Fermes sont tes propos et nôtre ton destin :
« Ce long soir de soupirs n'est plus qu'un bref matin. »

SUR LES RIGUEURS SALUTAIRES DE SA DAME.

(Dolci durezze e placide repulse)

O refus bienheureux, aimable cruauté,
Pleine d'un chaste amour, d'une tendre bonté,
Charmants dédains, présents à mon âme oppressée,
Qui calmaient, je le sens, mon ardeur insensée !

Parler noble où brillait la générosité,
La courtoisie unie à toute honnêteté,
Fleur de vertu, ruisseau dont la fuite pressée
Bannissait de mon cœur toute abjecte pensée ;

Regard à rendre heureux, parfois plein de rigueur
Afin de refréner mon âme ambitieuse,
Contre un trop juste arrêt souvent audacieuse ;

Dans ta diversité tu devins mon sauveur,
Car tu savais aussi m'animer dans ma course
Et sans toi mon salut s'en allait sans ressource.

A L'AME DE LAURE.

(Spirto felice che sì dolcemente)

Aimable esprit, toi qui si doucement
A ses beaux yeux donnais le mouvement
Et qui vivais, parole cadencée,
Dans ses accents, présents à ma pensée ;

Toi qui jadis, d'un feu pur t'allumant,
Guidais ses pas, que revoit son amant,
Dans l'herbe verte où fleurit la pensée ;
Démarche d'ange et calme et balancée !

Toi qui depuis, montant vers ton Auteur,
Laissas ici l'enveloppe choisie
Dont le destin te fit l'heureux moteur :

A ton départ, Amour et Courtoisie
Prirent leur vol; clarté, flamme, chaleur
Au ciel manqua ; la mort fut sans horreur.

INVOCATION A L'AMOUR.

(Deh porgi mano all'affannato ingegno)

Viens à mon aide, **Amour**, que ta main me soutienne,
Ranime mon génie et mon style abattu ;
Mes vers, sans ton secours, Seigneur, auraient-ils pu
La dépeindre au séjour dont elle est citoyenne ?

Prête-moi ton ardeur, et que ma voix parvienne
A ce ton où sans toi nul n'est encor venu ;
Je dirai sa beauté, mais surtout sa vertu,
Trop pure pour qu'ici le monde s'en souvienne.

Il répond : « Elle avait ce que mon ascendant,
« Les bons conseils, l'exemple et du Ciel la puissance,
« N'ont donné qu'une fois avec cette abondance.

« Jamais rien de si beau depuis le jour qu'Adam
« Vit paraître à ses yeux les formes primitives :
« Je le dis en pleurant, qu'en pleurant tu l'écrives ! »

FIN DU RECUEIL DE SONNETS.

POÉSIES DIVERSES

TRADUITES DE PÉTRARQUE.

AVERTISSEMENT

DE CET APPENDICE

ET

PETITE DISSERTATION LITTÉRAIRE.

C'est à la fois par dépit et par humilité que nous avons placé dans ce recueil la traduction de deux *canzoni* de Pétrarque, espérant faire ainsi comprendre aux littérateurs italiens qui préfèrent de beaucoup ses *canzoni* à ses sonnets, que les difficultés de leur rhythme plus que l'inintelligence de leurs grâces nous avaient détournée de les traduire. Je crois nos Pétrarquistes plus engoués des sonnets, mais habitués cependant à les voir escorter, fiers et courtois, leurs nonchalantes compagnes. La partie musicale de la poésie chez la plupart des poëtes est inséparable de la partie morale, et la mesure des *canzoni* a un je ne sais quoi d'inégal auquel ne se plie pas notre langue: je ne puis, quant à moi, me dégager de l'impression que j'en reçois. Traduire une *canzone* en prose, puis chercher à l'oublier pour la reproduire en vers, est une méthode tout à fait différente de notre mode spontané de traduction, sans compter que nous regardons comme un des devoirs du traducteur de donner à sa copie une forme analogue à celle de l'original, principe admis qui fait repousser par les vrais amateurs de poésie les traductions en prose, malgré leur matérielle exactitude.

Il suffira de lire le morceau intitulé *Chant d'amour*, où nous avons suivi avec une scrupuleuse exactitude le mètre et l'agencement des rimes de la canzone XV, et le *Chant funèbre*, où, fidèle au texte de la *canzone* XXII, nous n'avons fait qu'imiter la façon des *canzoni* en général, pour voir combien cette mesure italienne gêne notre vers. Espérons donc qu'après ce malheureux effort les poëtes de la langue du *si* ne nous regarderont plus comme dépourvue du sens poétique, si nous avons négligé ces compositions échevelées à la façon de Laure jeune et belle ou de son ombre descendant des cieux.

Nous croyons avoir réussi dans notre *Album sicilien* en traduisant une *canzone* moderne [30], dont le sujet comportait la forme de l'ode sur un mètre de notre invention, participant de l'ode française et de la *canzone* italienne ; mais celles de Pétrarque ont un caractère trop prononcé pour oser le modifier et leurs sujets se prêtent peu à former des strophes sonores et d'un mouvement décidé, sans parler du respect qu'on doit aux classiques.

Persuadée d'avance que nous devions échouer, et ne nous essayant que sur les instances d'amis lettrés et érudits, nous avons évité à dessein dans cet essai les *canzoni* les plus célèbres, telles que la XIVe : *Chiare, fresche e dolci acque;* la XVIIe; *Di pensier in pensier, di monte in monte,* celles à la louange des yeux, etc. Nous y reviendrons, si nous arrivons à cesser d'être musicienne en écrivant des vers, ou si nous retrouvons jamais la musique sur laquelle elles étaient composées.

Bien que dépourvues de la rime, chère aux oreilles françaises, les sextines, aujourd'hui délaissées, nous fixent en parcourant le *Canzoniere* par leur coupe égale qui permet à la pensée de suivre sans temps d'arrêt un flux d'images qui monte ou fuit avec rapidité et sait charmer en ne fatiguant pas l'attention. — Mais il est nécessaire d'expliquer, même à certains lecteurs italiens, ce qu'est la sextine du quatorzième siècle : beaucoup en donnent le nom improprement au sixain, comme beaucoup appellent *ballade* en Italie quelque romantique imitation des légendes du Nord aux sombres et interminables couplets. Je ne sais si, par un excès opposé, on a jamais chanté les ballades pour faire danser.

Chez Pétrarque elles sont fort brèves et il y en a une de funèbre, ce qui fait voir que de son temps on ne les chantait pas au bal; il est cependant évident qu'elles devaient être pour musique. Ce qui les caractérise est quelque chose de vague et de jeune qui fait que, bien que dépourvues d'ornements, elles plaisent de plus en plus par leur fraîcheur. Leur mesure n'ayant rien de régulier, nous nous sommes bornée à en imiter l'allure.

Revenons à la sextine.

La sextine présente de grandes difficultés et, comme toutes les pièces dont le mérite est plutôt dans la forme que dans le fond, elle en offre davantage au traducteur qui veut la rendre dans sa forme, qu'au compositeur même. Régulière et en tout conforme à son nom, elle roule sur six mots et se compose de six couplets de six vers chacun. Chaque vers doit se terminer par un des différents mots, et chaque mot revient à son tour une fois en tête des terminaisons des vers du couplet et une fois à la fin; de plus il faut que le dernier mot de chaque couplet ouvre la série de six mots du couplet suivant. La *chiusa* ou petit couplet final et accessoire réunit dans trois vers les six mots rassemblés à volonté [31].

Les sextines italiennes sont en vers blancs ou non rimés que le français ne supporte pas ; la grande difficulté pour le traducteur est de trouver des mots qui riment et qui rendent ceux choisis par l'auteur original, lesquels ne riment pas dans l'italien ; dans la traduction des vers ordinaires la rime passe souvent d'une langue dans l'autre, puis il n'y a pas nécessité, comme ici, de placer à la fin même des vers les mots qui s'y trouvent dans la pièce traduite. Les sextines en rimes uniquement masculines rendent mieux selon nous l'effet des vers non rimés et martellent moins l'oreille que celles en rimes alternées des deux genres, ne pouvant s'entreprendre que sur deux rimes. Nous en avons donné une de chaque façon pour en faire juge le lecteur et ne pensons pas qu'aucune sextine ait été encore traduite dans sa forme ; il est inutile d'ajouter qu'on n'en a point composé d'originales dans notre langue. C'est dire que nous revendiquons la sextine française comme nous appartenant en propre et inventée par nous.

Relativement aux traductions de sonnets mêlées à ces diverses poésies et rendues dans divers mètres, dont quelques-uns nous appartiennent, comme celui des *Larmes de Laure*, par exemple, que dirons-nous au lecteur s'il veut savoir pourquoi nous ne les avons pas données, elles aussi, en sonnets et placées parmi les autres? Nous lui dirons, s'il s'en informe, qu'à travers la totalité des trois cent dix-sept sonnets dont nous aspirons à compléter la traduction, il les rencontrerait avec plaisir pour prendre haleine, comme nous avons, nous, trouvé une sorte de délassement à rimer ces morceaux selon notre fantaisie, bien que dans le présent recueil qui ne contient que cent-cinquante-neuf des sonnets, nous ayons renvoyé parmi les poésies diverses les douze versifiés à volonté.

Les madrigaux de Pétrarque sont des chefs-d'œuvre : ils n'ont qu'un tort, c'est d'avoir été les avant-coureurs des innombrables et insipides madrigaux des siècles derniers. Imiter ces rares modèles n'était rien : il s'agissait de leur présenter un miroir. Cette façon de traduire, décriée autrefois sous le nom de *calque*, a du mérite quand elle est bien réussie : nous ne saurions nous faire que le reproche opposé, celui, peut-être, d'y avoir encore trop mis du nôtre. C'est une tentation bien difficile à éviter que celle d'un peu d'afféterie dans un madrigal!

BADINAGE SUR LE NOM DE LAURE ET SON DIMINUTIF LAURETTE.

IMITÉ DU SONNET ORIGINAL :

(Quand'io movo i sospiri a chiamar voi)

L'AUdace est grande alors que je m'apprête
A célébrer la grâce de son nom;
REdisons-le pourtant; mais je m'arrête,
Car j'ai senti le courroux d'Apollon.
LAURier charmant devenu sa conquête,
On n'ose pas dire ton doux surnom,
ET TE louer d'une voix indiscrète
C'est offenser le vainqueur de Python [32].

ACROSTICHES

TRADUITS DU MÊME SONNET.

Louer son nom n'est pas petite chose :
Amour d'un trait l'écrivit dans mon cœur.
Unissez-vous à bouche demi-close,
Redites-le, soupirs, moi je ne l'ose
Et je craindrais d'altérer sa douceur.

La majesté qui brille en sa personne
A ranimé le zèle dans mon sein :
Unique objet digne de la couronne,
Régnez sur nous ! — Tais-toi, je te l'ordonne,
Es-tu donc fait pour semblable dessein ?

Les lettres d'or de ce nom grave et tendre
A la louer m'allaient ici servir...
Un Dieu m'arrête, et doit-on s'en surprendre?
Rameaux chéris, Phœbus peut-il entendre
En vous chantant d'autres lyres gémir?

LE VOILE.

Ballade.

(Lassare il velo o per sole o per ombra)

Que brille le soleil ou que nous soient rendus
Les doux voiles de l'ombre, hélas! je ne vois plus
Sans le vôtre jamais votre tête si blonde
Depuis que les seuls vœux que je forme en ce monde
    De vous, Madame, un jour furent connus.

    Quand je savais cacher cette pensée
    Qui du désir m'a fait un long tourment,
    Je vous voyais débonnaire, empressée...
    Votre visage en était plus charmant.
    Amour enfin parlant à sa manière,
    Ces blonds cheveux furent soudain voilés
    Et vos regards clos sous votre paupière ;
    Mes plus grands biens me sont ainsi volés :
        Ainsi le veut ce voile,
    Voile cruel qui cache mon étoile
Et d'hiver et d'été fait mes jours désolés !

MADRIGAL.

(Perchè al viso d'Amor portava insegna)

Portant les couleurs de l'Amour,
Pèlerine me fit un jour
Me mettre à sa suite en voyage.
Sur les verts sentiers je suivais
Ses pas que souvent je baisais;
Puis je m'arrêtai sous l'ombrage,
Entendant une forte voix
Crier : « Perdras-tu dans ces bois
« Le temps à courir davantage? »
Alors je vis que de chemin
J'avais fait depuis le matin,
Et tournai court pour être sage,
Renonçant au pèlerinage.

L'HIVER.

Sextine

TRADUITE DE LA SEXTINE :

(L'aere gravato e l'importuna nebbia)

L'air obscurci de grisâtres rideaux
Qu'avaient du nord poussés les tourbillons
En longue pluie a répandu ses eaux.
D'un blanc cristal se voilent les ruisseaux;
Plus de verdure aux pentes des vallons,
Partout la brume et partout les glaçons !

Moi, sur mon cœur plus froid que les glaçons,
Sur mon esprit j'ai de si lourds rideaux
Que l'on dirait le brouillard des vallons
Quand, s'élevant des étangs, des ruisseaux,
Et balayé par les vifs tourbillons,
En lente pluie il va rendre leurs eaux.

Dans peu de jours s'écouleront les eaux ;
Ce beau cristal, orgueil de nos ruisseaux,
Sous la chaleur dissoudra ses glaçons.
Ce ciel couvert de si sombres rideaux
Les laisse fuir devant les tourbillons
Et plus brillant éclaire les vallons.

Eh! que me fait la grâce des vallons?
Dans un air calme ou sous les tourbillons
Mon triste front conserve ses rideaux!
Lorsque *son* cœur n'aura plus de glaçons
Et que pour moi ses yeux fondront en eaux,
On verra secs les lacs et les ruisseaux.

Tant qu'à la mer descendront les ruisseaux,
Tant que les cerfs chercheront les vallons,
Mes pauvres yeux se répandront en eaux,
Ce cœur cruel gardera ses glaçons,
Et son regard, voilé de bruns rideaux,
Ne verra rien de mes noirs tourbillons.

Mais je pardonne aux vents, aux tourbillons :
L'aure, leur sœur, auprès de ces ruisseaux
M'a su toucher. Que le ciel fonde en eaux;
Que, de sa foudre effrayant les vallons,
Il fasse aux cœurs naître mille glaçons,
Le mien pour elle est toujours sans rideaux!

J'ai fui pourtant comme les tourbillons,
Comme les eaux, les ruisseaux, les glaçons,
Quand sans rideaux Phœbus rit aux vallons.

Versailles, novembre 1847.

A SON FRÈRE GÉRARD.

Stances irrégulières

TRADUITES DU SONNET :

(La bella donna che cotanto amavi)

———

La dame à ton cœur si chère
Nous a quittés sans adieux ;
Son esprit remonte aux cieux
D'une aile sainte et légère.

Pars, ami, va sans tarder
Vers la véritable vie
Et tâche de mieux garder
De ce cœur la clef ravie.

Te voilà libre d'un poids
Qui plus que tout autre accable :
Suis et sa route et sa voix,
Pèlerin infatigable.

Tu vois d'un œil éclairé
Le but de la créature ;
Que ton âme ardente et pure
Arrive au port désiré !

MADRIGAL.

(Or vedi, Amor, che giovinetta donna)

Or, vois, Amour, quelle jeunette dame
Brave ton joug et se rit de ma flamme !
Seule au milieu de deux tels ennemis
Elle s'en va, foulant les fleurs et l'herbe,
Pour moi cruelle ; envers mon roi, superbe.
Tu tiens ton arc... A peine a-t-elle mis
Pour casque un nœud fait de sa chevelure,
Et sur son cœur son corset pour armure.
Moi, prisonnier... Mais, Seigneur, ton carquois
Sans doute encore a quelque flèche sûre.
Venge-nous donc tous les deux à la fois !

EN TOUTE CHOSE IL RETROUVE L'IMAGE DE LAURE.

Chant d'amour

TRADUIT DE LA CANZONE :

(In quella parte dove Amor mi sprona)

Si par l'Amour ma pauvre âme est pressée,
S'il marque un but à l'essor de mes vers,
Mes vers suivront cette unique pensée
Qui les dicta dans mes travaux divers.
Quels furent-ils à l'époque passée
Et quels sont-ils aujourd'hui? Je ne sais.
Un maître seul, Amour, je connaissais.
— Mon cœur peut-être en saura mieux l'histoire...
Lorsqu'à ses maux je veux donner secours
    A ce maître seul j'ai recours.
Pour le calmer et non par vaine gloire
    J'ai chant , je chante toujours,

Et tous les lieux à ce cœur dans mon âme
En mille objets ne peindront qu'une femme.

Depuis ce jour qu'un sort inexorable
Dut m'éloigner de mon souverain bien,
Pour m'alléger un poids insupportable
De la mémoire Amour fait mon soutien;
Or, si je vois sous un aspect aimable
Le monde entier reverdir au printemps
Je crois revoir à la fleur de ses ans
La belle enfant, reine aujourd'hui des dames.
Quand vers l'été, cet annuel midi,
    La clarté, la chaleur grandit,
« Tel, dis-je, Amour vient embraser nos âmes, »
    Et quand le jour se refroidit,
Quand le soleil semble fuir de la terre,
Je crois la voir, belle encor, mais sévère.

Lorsqu'à mes pieds les douces violettes
Vont s'entr'ouvrant et qu'au rameau plus vert
Un vert feuillage en nos douces retraites
Déjà se cherche au sortir de l'hiver;
Lorsque l'espoir aux âmes inquiètes
Fait dans le ciel voir les astres plus beaux
Et que le froid s'enfuit de nos coteaux,
Ah! je retourne à ces fleurs si charmantes,
A ces buissons où l'Amour prit ses traits :
    Enchanteurs et cruels objets !

Par eux encore, Amour, tu me tourmentes!
    Je vois de ses habits discrets
Les couleurs poindre et parer la nature [33];
Mon cœur bondit; mais ma peine est plus dure.

Quand les coteaux, dont les pentes neigeuses
D'un vif soleil exaltent la splendeur,
Nous laissent voir leurs cimes sablonneuses
Que de ses traits découvre la chaleur,
Je reconnais les armes amoureuses.
Le double effet de son front délicat [34]:
Il m'éblouit d'un surprenant éclat,
Il m'attendrit, il fait couler mes larmes.
Environné de la couleur de l'or,
    Sur ce front divin, mon trésor,
L'albâtre ainsi brille de plus de charmes.
    Que puis-je désirer encor?...
Tout ce qu'ailleurs j'avais vu, je l'oublie.
Il n'est saison qui change ma folie.

Lorsque je vois les étoiles errantes
Après la pluie étinceler aux cieux,
L'humidité qui les rend plus brillantes
Me fait penser aux pleurs de ses beaux yeux,
A leurs rayons, à leurs sphères mouvantes.
Tels ils étaient sous un voile attractif
Et leur clarté rendait le ciel plus vif
Ce jour fameux marqué par ma mémoire.

Baignés souvent et toujours pleins de feux,
    Mon cœur encor brûle pour eux.
Si le soleil se lève dans sa gloire,
    D'un regard je me crois heureux,
Et si la nuit nous voile sa lumière
Je rêve en deuil à sa brune paupière.

Si j'aperçois, et blanches et vermeilles,
Un vase d'or des roses rehausser
Qu'a su choisir en leurs moindres pareilles
Une main vierge afin de s'exercer,
Je songe alors plus qu'à d'autres merveilles
A son visage exalté tant de fois
Dont les beautés sont au nombre de trois :
Des nattes l'or, l'incarnat de sa joue,
A son front pur une blancheur de lait.
    — Mais si la prairie ondulait
En jaunes fleurs où la brise se joue,
    Le temps, le lieu m'apparaîtrait
Où, *déployant l'or de sa chevelure*
Zéphyre un jour opéra ma capture [35].

Nombrer les feux de la céleste voûte,
Toutes les eaux en un verre enfermer
J'avais donc cru, me mettant sur la route
En un feuillet tous ses dons de nommer
Et ces beautés éparses goutte à goutte
En la formant comme un type enchanteur

De cent beautés dans leur lustre et leur fleur?
Pour me fixer le Ciel fit ce chef-d'œuvre,
Mieux il ne put trouver ni réussir,
  Parfois pourtant on me voit fuir,
Puis hésiter, puis retourner à l'œuvre,
  La louer, l'aimer, la bénir.
J'en dois mourir, hélas, mais son image
A mon seul vœu, son nom mon seul servage!

Tu sais, chanson, que pour bien peu je compte
  Chanter, parler de cet amour
  Auquel je pense nuit et jour!
  Néanmoins ce qui me remonte
  Est encor ce mince confort:
  Hélas! sans lui je serais mort!
Quoi! supporter et l'absence et la guerre
Et de chansons soulager sa misère!

 Palerme, 1861.

IL DOIT SONGER A D'ÉTERNELS OBJETS.

Sextine

TRADUITE DE LA SEXTINE :

(Alla dolce ombra delle belle frondi)

Au doux abri des aimables rameaux
Je vins, fuyant les dévorants flambeaux
Qui me brûlaient sous un ciel sans nuage;
Un chaud zéphyr, des monts sur les coteaux
Faisait couler une neige sans âge,
Plus bas encor renaissait le feuillage.

Vit-on jamais un plus brillant feuillage
Livrer au vent de si charmants rameaux
Que cette plante au printemps de son âge?
Aussi, craignant le feu de ces flambeaux,
Pris-je son ombre et non pas des coteaux
L'abri peu sûr contre flamme ou nuage [36].

Sous un laurier mon sort fut sans nuage :
Le goût m'y vint des verdoyants rameaux;
Mais, parcourant les forêts, les coteaux,
Je n'ai trouvé ni tige ni feuillage

Plus honoré des célestes flambeaux :
Chacun changeait par le froid ou par l'âge.

Et moi, toujours plus ardent avec l'âge,
Réglant mes pas sur les plus clairs flambeaux,
Sur une voix qui du sein d'un nuage
M'avait nommé, toujours vers ces rameaux
Je revenais quand tombait le feuillage,
Ou quand plus vert il parait les coteaux.

Campagnes, bois, rivières et coteaux,
Tout doit changer avec le cours de l'âge
Il est donc temps qu'à mon tour, beau feuillage,
Je me dispose à quitter vos rameaux,
Car j'aperçois plus haut qu'aucun nuage
Un jour plus pur et d'éternels flambeaux.

Jeune, j'aimai de vifs et doux flambeaux,
Et je gravis de pénibles coteaux
Pour m'approcher d'un odorant feuillage ;
Mais le temps passe et je sens venir l'âge,
Et pour garder mon âme sans nuage
Je dois cueillir les fruits d'autres rameaux.

Amour sans âge, et flambeaux sans nuage,
Nouveaux coteaux couverts d'autre feuillage
Me conduiront vers de nouveaux rameaux.

LES LARMES DE LAURE.

Mélodies

TRADUITES DES SONNETS :

(I' vidi in terra angelici costumi,
Quel sempre acerbo ed onorato giorno.)

Musique à faire.

I.

J'ai vu sur la terre un être angélique,
Un air tout céleste, une grâce unique.
    A ce souvenir
    Mon cœur de plaisir
    S'émeut et de peine.
Quand je les revois je me sens saisir
Et pense rêver une image vaine.

J'ai vu deux beaux yeux qui versaient des larmes ;
Apollon cent fois envia leurs armes.
    Ah ! j'entends toujours
    L'aimable discours
    Qui les accompagne.
Le fleuve charmé suspendait son cours,
Et l'on vit venir colline et montagne.

Amour et bon sens, compassion tendre,
Quel charmant concert fîtes-vous entendre
    Lorsqu'elle parla !
    Rien ne l'égala.
    Sur cette harmonie
Le ciel attentif soudain se régla
Et l'air fut rempli de paix infinie.

II.

O jour vénéré, jour rempli de gloire !
Le style se tait, mais non la mémoire.
    Instants précieux !
    J'ai devant les yeux
    Cet aimable geste.
Était-ce une femme égale des Dieux
Ou quelque Déesse au parler modeste ?

Je l'entends encor, cette douce plainte :
Les airs, la lumière en était empreinte !
    L'or en légers fils,
    L'ébène des cils,
    La neige brûlante ;
Des astres en feu les rayons subtils
Que change l'Amour en flèche puissante !

O doux assemblage! ô charmantes choses!
La douleur montait du milieu des roses
      Formant des accents
      Vifs et saisissants
      Des soupirs de flamme!
Des perles sortaient sanglots frémissants;
Des beaux yeux, cristal; du souffle, dictame!!

CONTRE L'ENVIE.

Vers sur deux rimes

TRADUITS DU SONNET :

(O Invidia, nemica di virtute)

———

Envie, ô toi que la vertu chagrine,
Toi qui détruis tout beau commencement,
Par quel sentier, Envie, à la *sourdine*,
Te glissas-tu dans sa blanche poitrine,
Et par quel art y vint ce changement?
De mon salut tu brisas la racine,
Tu me montras un trop heureux amant
A celle-là qui reçut doucement
Ces chastes vœux dont on la voit chagrine.
Mais cependant ses façons et sa mine,
Pleurant mon bien, riant de mon tourment,
Ne troublent pas mes pensers seulement.
Cent fois le jour quand elle m'assassine,
J'espère en elle et je l'aime ardemment.
— Elle a beau faire, Amour me la destine!

LA FORÊT DES ARDENNES.

Romance

SUR L'AIR CÉLÈBRE : *Loin de toi, ma Félicie*, DE MÉHUL

TRADUITE DU SONNET :

(Per mezzo i boschi inospiti e selvaggi)

Dans cette forêt immense
Où Mars craindrait le danger,
Insouciant je m'avance
Et l'effroi m'est étranger;
Amant, rêveur et poëte,
Fuyant un soleil brûlant,
Ce lieu me charme et m'arrête
Et mon pas devient plus lent.

Je m'en vais, chantant peu sage
L'objet de mon tendre amour...
Mais la voici sous l'ombrage;
D'autres dames sont autour.
J'admire ces jolis êtres
Et leurs groupes gracieux...
Et c'étaient de jeunes hêtres
Entre les ifs noirs et vieux!!

Je crois la voir et l'entendre,
Et j'entends la voix du vent;
Mon cœur ne peut s'y méprendre
Et j'écoute cependant.
La source, l'oiseau fidèle,
Les rameaux et les zéphyrs
D'une erreur douce et cruelle
Entretiennent mes soupirs.

Si j'ai craint l'astre de flamme
Dont s'éclairent d'autres cieux,
Je sens se glacer mon âme
Sous ces bois silencieux.
Vivant soleil, ma lumière,
Brille enfin à mes regards,
Car cette ombre meurtrière
Me nuirait plus que tes dards !

Versailles, 1851, dans les ténèbres.

* L'HEURE PRÉFÉRABLE.

Ballade

TRADUITE DU SONNET :

(La sera desiar, odiar l'aurora)

Musique a faire.

Pour désirer le soir tous les amants s'entendent
Et pour haïr l'aurore ils unissent leurs pleurs :
Chez moi le soir redouble et larmes et douleurs,
Je bénis le matin et mes maux s'y détendent.

C'est alors, en effet, que souvent, pas toujours,
Votre soleil, le mien, deux orients nous montrent;
Des cieux la terre encor mérite les amours
Tant son astre et le leur semblables se rencontrent!
Il en était ainsi quand cette autre Daphné
Pour la première fois déploya sa verdure :

De ses brillants rameaux Phœbus s'est couronné;
Leur place est dans mon cœur plus constante et plus sûre!

J'ai le droit de nommer à rebours des amants
L'heure de l'espérance et l'heure de l'alarme.
Amants, ah! plaignez-moi si l'heure qui vous charme
A rebours de mes vœux est l'heure des tourments!

LOUANGES DE LAURE ET DU LAURIER.

Odette

TRADUITE DU SONNET :

(Arbor vittoriosa e trionfale)

Arbre sans égal,
Laurier triomphal !
Triste et douloureuse
Ou fière et joyeuse,
Ma vie est à toi :
Je t'en ai fait roi.

Vraie et seule dame !
Qu'appelle ton âme,
Que cherche ton cœur ?
La moisson d'honneur !
D'Amour, de sa ruse,
Ton bon sens s'amuse ;

Tu sors de ses lacs,
Sans hâter le pas.

Du sang la noblesse
Fort peu t'intéresse
Les rubis et l'or
Te sont moins encor.

La beauté, la grâce,
Que rien ne surpasse,
Objet de mépris,
N'a pour toi de prix
Que comme accessoire
De ta chaste gloire.

Arbre de l'honneur!
Soin de l'empereur,
Rêve du poëte,
Acquitte ta dette.
Je t'ai fait mon roi,
Mais couronne-moi!

APRÈS LA MORT DE LA BELLE LAURE.

DOIT-IL VIVRE OU MOURIR ?

Chant funèbre

TRADUIT DE LA CANZONE :

(Che debb'io far? che mi consigli, Amore?)

Que dois-je faire, Amour ? que me conseilles-tu ?
  De mourir l'instant est venu,
  Trop longtemps je m'oublie à vivre !
Ma Dame est morte : avec elle est mon cœur;
Dès son départ décidant de la suivre,
Je dois tronquer ce séjour de douleur
  Et mettre un terme aux coupables années.
Vers elle en pleurs mes paupières tournées

Et dédaignant tout autre soin
Ne la sauraient voir d'aussi loin.
Partons, partons! Bonheur, joie, innocence,
Las! ont chez nous fini leur demeurance!

Tu le sens trop, Amour, gémissant avec moi
Tandis que je pleure avec toi :
Notre sort n'est pas supportable !
Au lieu de paix, le danger et le deuil.
Quoi ! notre esquif voguait incomparable
Et s'est brisé sur le plus sombre écueil !
Notre soleil ne veut plus nous sourire !...
L'esprit en vain s'épuise pour décrire
En longs discours un tel état.
O monde aveugle ! O monde ingrat !
Tu dois pleurer celle que j'ai perdue :
La possédant tu ne l'as point connue ! !

Ta gloire est éclipsée et tu ne le vois pas.
Quand elle vivait ici-bas
Tu ne daignais ni n'étais digne
D'être informé d'elle ni de son nom :
Au ciel manquait cet ornement insigne ;
Ses pieds touchaient à peine ton limon !
Oui, pour soi seul le ciel la fit si belle ;
Mais, pauvre moi, puis-je vivre sans elle ?
Je hais la vie et je me hais
Plus qu'aucun des biens que j'avais.

De tant d'espoir l'appeler seul me reste,
Triste confort à mon état funeste !

Hélas ! cendre, poussière est à peine aujourd'hui
    Ce beau visage que pour lui
    Le ciel créa, voulant sur terre
Qu'il témoignât, se montrant parmi nous,
De ce qu'on voit en la céleste sphère.
Son âme ici cachait des traits plus doux ;
Or, dégagés du voile qu'elle laisse,
Ils vont, brillant d'éternelle allégresse,
    Au Paradis étinceler ;
    Mais la forme qui dut voiler
A nos regards sa jeune âme si belle
Y renaîtra, désormais immortelle !

Plus qu'en ces lieux obscurs, noble et chaste beauté,
    Je sens qu'au séjour de clarté
    L'on te comprend et l'on t'admire.
A ce penser, mon principal soutien,
S'unit le vœu d'entendre à tous redire
Ce nom chéri, de mon cœur le seul bien !
Il remplira le monde de merveille
Et l'on saura... Mais, hélas ! je m'éveille
    Seul et voyant avec souleur
    Mon espoir brisé dans sa fleur !...
Tu sais ma peine, Amour, comme sans doute
Du sein du *Vrai* la sait qui nous écoute.

Femmes qui l'avez vue et loué ces attraits
    Qu'aucuns n'égalèrent jamais
    Et cette noble contenance,
Vous inclinez la tête avec pitié,
Non point pour celle, hélas! que par avance
Au ciel déjà cherchait votre amitié ;
Mais pour celui qui, resté sur la terre,
De tant de paix voit descendre la guerre :
    Tous les maux en pleuvent sur moi !
    Oh! de vivre trop dure loi !!
Rompons le nœud qui retient ma personne ;
Fuyons, volons!!... Mais Amour me raisonne.

« Modère, me dit-il, ce furieux transport.
    Celui qui cherche et veut la mort
    Perd le ciel où ton cœur aspire,
Où, s'étonnant des regrets et des pleurs,
Joyeux en tout, de leur excès soupire
L'heureux esprit, objet de vos douleurs.
Rends plus complet son bonheur qui s'en trouble ;
Retiens tes cris et tes chansons redouble.
    Elle t'en prie et veut ouïr
    Pour constamment se réjouir
Sur son tombeau, qu'altière elle dédaigne,
Planer ce nom qui sur tes lèvres règne. »

Fuis le beau temps, ma dernière chanson ;
Fuis les bosquets, les jardins, le gazon ;

N'approche point si quelque luth résonne.
Fuis les balcons si l'on rit sur le seuil :
Hors l'affligé ne recherche personne,
O triste veuve en longs habits de deuil !

* A L'AME DE SENNUCCIO DEL BENE.

TRADUCTION DU SONNET :

(Sennuccio mio, benchè doglioso e solo)

Avec réflexions du lecteur intercalées.

P.

Mon Sennuccio, quand ton âme partit,
Je restai seul ; mais l'amitié me flatte
Que si jadis, captive, elle gémit
    Libre elle vole.

L.

    Hélas, Socrate
Fut condamné pour l'avoir dit !

P.

Voyant combien l'œil enchaîne l'esprit,
Tu vois ensemble en leur courbe gelée
Un pôle et l'autre et l'orbe que suivit,
Suit et suivra dans la plaine étoilée
Tout monde errant : ce plaisir me sourit.

L.

Trois cents ans plus tard Galilée
Fut en prison pour l'avoir dit.

P.

Joins en ton vol la sphère bien-aimante ;
Salue ensemble et pour moi, triste esprit,
Dans leurs splendeurs Cino, Guitton, le Dante
Et Franceschin.

L.

Parmi nous qui les lit?

P.

Cherche ma Dame, et que par toi sans crainte
Mon chaste amour lui soit enfin décrit.
Loin des vivants dans les bois me bannit
Le souvenir d'une beauté si sainte.

L.

Las! de nos jours qui le croit, qui le dit?

LA MORT L'A FRUSTRÉ DES PRIVILÉGES DE L'AGE.

Stances

TRADUITES DU SONNET :

(Tempo era omai di trovar pace o tregua)

C'était bientôt le temps où la paix allait naître
    Après de longs combats ;
Dans un meilleur chemin j'allais entrer peut-être,
    Lorsque mes joyeux pas
    Furent détournés par *celle*
Qui renverse nos plans, qui brise, qui nivelle :
    Rien n'arrête son bras.

Ainsi que sous le vent la brume se dissipe,
    Dans un instant ainsi
L'astre qui me guidait laissa fuir le principe
    Qui l'animait ici.
    Or il faut que ma pensée
La suive désormais vers le ciel élancée,
    Puisque encor me voici.

J'espérais bien un peu que de nouveaux usages
    Avec nos cheveux blancs
La viendraient affranchir de ses mille esclavages
    Par le retour des ans ;
    Et qu'enfin, seul auprès d'elle,
Je pourrais lui parler de ma peine cruelle
    A voix basse et longtemps.

A ces aveux tardifs que de soupirs honnêtes
    Ma douleur eût mêlés,
Lui contant mes travaux et mes larmes secrètes
    Et mes jours désolés !
    Mais quoi ! du sein de la gloire
Elle sent mieux qu'ici, du moins j'aime à le croire,
    Mes ennuis dévoilés.

CONSOLATION.

Ballade.

(Amor, quando fioria)

Quand fleurissait, Amour,
Quand fleurissait mon espérance
Et de ma foi la récompense,
   Privée, hélas! du jour,
   Celle-là m'est ravie
   Dont j'attendais merci.
Cruelle mort! hélas, cruelle vie!
  L'une me comble de souci
  Et de tout espoir me dépouille;
  L'autre ici me tient sous la rouille
    De durs verroux.
  Il y faut rester malgré nous,
  Et celle qui s'en est allée,
  Non, je ne puis la suivre, hélas!
  Elle-même n'y consent pas;
  Mais dans mon cœur s'est installée.
—Toujours présente, elle voit donc de près
  Mon triste sort et mes regrets.

A SA DAME, HABITANTE DES CIEUX.

Couplets

SUR UNE MÉLODIE DE CH. PLANTADE : *La goutte de rosée.*

TRADUITS DU SONNET :

(Donna che lieta col principio nostro)

O Dame heureuse et bénie,
Dans le sein du Créateur
Après une sainte vie
Joyeuse du vrai bonheur !
Assise en un lieu suprême,
De tes sacrés vêtements
Les perles, la pourpre même
Terniraient les ornements.

Parmi celles de ton âge
Prodige sublime et doux,
Toi qui lis sur le visage
De celui qui nous voit tous,
Vois mon amour sans mesure,
Souviens-toi de tant de pleurs,
De mes chants, de ma foi pure
Et de mes longues douleurs.

Tu le sais, mon cœur sur terre
Se plaisait à voir en toi
La vive et chaste lumière
Qui du ciel tombe sur moi;
De toi jamais, jeune femme,
Dans des vœux ambitieux
Il ne voulut d'autre flamme
Que le soleil de tes yeux.

Écoute donc ma prière,
Et du séjour de la paix
Guéris les maux de la guerre
Qu'autrefois tu me faisais :
Tu fus pour moi sans seconde,
Seule ici je te suivis :
Que je quitte enfin ce monde
Et te joigne en paradis !

A UN OISEAU.

Stances

TRADUITES DU SONNET :

(Vago augelletto che cantando vai)

Aimable oiseau qui vas chantant,
    Regrettant
  Tes amours passagères,
Tu vois la nuit, l'hiver venir,
    Et finir
  Ces mois chers aux bergères.

Si tu savais comme tes pleurs,
    Tes douleurs,
  Sont aux miennes semblables,
Tu viendrais, pour les alléger,
    Partager
  Des chagrins comparables.

Ne crois pas pourtant que nos maux
    Soient égaux ;
  Sans doute ton amie
A volé vers d'autres climats ;
    Le trépas
  M'a la mienne ravie.

Toutefois ce triste horizon,
La saison,
Le soleil qui nous quitte,
Le souvenir des jours amers
Ou trop chers
A t'arrêter m'invite.

De la Roche-au-Moine, novembre 1846.

FIN

VARIANTES ET CORRECTIONS.

SONNET PAGE 13.

Le duvet, le sommeil, l'ignoble gourmandise
Rend au siècle présent les vertus hors de mise.

SONNET PAGE 20.

Second tercet.

Et nous verrons alors notre Dame chérie
Se couronner de fleurs, s'ombrageant de ses bras.

Ou :

Trôner sur l'herbe en fleurs, s'ombrageant de ses bras.

SONNET PAGE 22.

Second quatrain et la suite : Imitation.

Jamais obstacle enfin ne me désola tant,
Parmi ceux que l'on sait entraver davantage,
Qu'un voile gracieux placé sur *son* visage :
Il me cache ses yeux et me va tourmentant.

Ce voile en s'abaissant éteint toute ma joie;
Faut-il en accuser la pudeur ou l'orgueil?
Je l'ignore, mais sens qu'à la mort on m'envoie;

Et je maudis aussi la main qui le déploie,
Main blanche toujours prête à me remplir de deuil,
Qui d'un tissu léger me fait un triste écueil.

SONNET PAGE 23.

Second tercet.

Et lorsque de retour plus belle elle apparaît,
Phœbus est si troublé d'une trop longue absence
Qu'il nous laisse sans lui célébrer sa présence.

SONNET PAGE 49.

Tercets.

Seul, mais avec l'Amour, pensif, d'un pas tranquille,
Cherchant pour mes soupirs quelque paisible asile,
J'atteignis ce vallon fermé de toutes parts :

Là, je ne trouvai point des femmes élégantes,
Mais des rochers croulants, des ondes jaillissantes,
Et son image encor s'offrant à mes regards.

SONNET PAGE 50.

Second quatrain et premier tercet.

.... tandis que par le ciel
Ils vont épars sans manquer à l'appel.

L'un après l'autre arrive où je l'envoie,
Où son retour est un sujet de joie :
Que ce séjour leur est délicieux !

SONNET PAGE 52.

Cette vague pâleur, qui sur son frais souris
Vint étendre un instant un amoureux nuage,
D'un attrait si puissant frappa mon cœur surpris
Que vers *Elle* il monta jusque sur mon visage.

SONNET PAGE 53.

Second tercet.

La première édition et les commentaires portent :

Fuirai-je vers le Nord ou dans la Numidie?...

SONNET PAGE 76.

D'un si noble aliment j'ai l'esprit sustenté.

SONNET PAGE 80.

Ce n'est plus seulement cette élégante main
A revêtir son gant malgré moi toute prête ;
Mais les agiles bras, mais l'autre qui s'apprête
A déchirer ce cœur souffreteux, incertain.

Amour tendit ses lacs, et pas un seul en vain,
Parmi tant de beautés qu'en leur forme parfaite,
Ce céleste maintien, cette grâce discrète
A mises au-dessus de tout éloge humain.

Ce sont des yeux sereins aux paupières rapides ;
Une bouche angélique où des perles limpides
Se cachent sous la rose et d'où sort la bonté,

La bonté qui séduit aux sons d'une voix pure ;
Ce front, enfin, si noble et cette chevelure
Qui vaincrait à midi l'or d'un soleil d'été.

SONNET PAGE 83.

Tercets.

... peut-être, espoir charmant!

Elle compte les jours et mon retard l'intrigue.
Baisant donc sa main blanche et ses pieds humblement,
Dis-lui : L'esprit est prompt, mais la chair se fatigue.

SONNET PAGE 91.

Tercets.

La première et la seconde édition portent :

Qui pourrait aux amants donner un frein austère?
Si leurs corps sont soumis à des lois de colère,
Leurs âmes, s'échappant, brisent tous les liens.

Son cœur prend pour mentir une inutile peine ;
Chacun voit s'obscurcir sa beauté souveraine,
Et nos yeux alarmés ont bien lu dans les siens.

SONNET PAGE 96.

Second quatrain.

La rage chez Tydée à tel point atteignit
Qu'il rongeait de ses dents les chairs de Ménalippe;
Elle aveugla Sylla dont on a fait un type
D'excès si délirants que la mort s'ensuivit.

Second tercet.

S'exposant au mépris et parfois à la mort.

SONNET PAGE 102.

Second tercet.

Ah! si pour nous quitter, sur le premier degré
De l'éternel séjour, la face au ciel tournée,
Vous montiez, invoquons ma dernière journée!

SONNET PAGE 113.

Second tercet.

Pour me guider je n'ai plus ma lumière,
Et la Fortune à mon nocher lassé
Sourit du port quand mon mât est cassé!

SONNET PAGE 116.

Tercets.

La première édition porte :

Si mes pensers toujours, à tes traces fidèles,
Volent encor vers toi, donne, donne à leur tour,
A mon âme, à mon cœur d'aussi rapides ailes,

Pour te suivre et te joindre au sublime séjour.
Le moment est marqué : n'est-ce pas la journée
Qui de ta sainte mort clôt la troisième année?

La seconde édition :

. . . . donne, donne à leur tour
A mon âme, à mon cœur d'aussi rapides ailes !

De te suivre et te joindre au sublime séjour
Le moment est marqué : n'est-ce point la journée
Qui de ta sainte mort clôt la troisième année ?

SONNET PAGE 122.

Second quatrain.

Tu sais, heureux Tithon, quelle heure voit éclore
Aux bords de l'horizon l'oriental trésor;
Mais que ferai-je, moi? ce laurier que j'implore
Mon esprit l'aura joint lors du dernier essor !

Ou :

Tu sais, heureux Tithon, quelle heure voit éclore
Aux bords de l'horizon, l'ornement, le trésor
De tes vieux ans; mais moi! ce laurier, etc.

SONNET PAGE 128.

Premier tercet.

Vous me plaisiez, toujours je vous cherchais;

SONNET PAGE 129.

Premier tercet.

« Viens, ici je t'attends et, par toi trop vanté,
« Sur la terre là-bas mon beau voile resté. »

La première et la seconde édition donnent des quatrains qui commencent ainsi :

Élevant mes pensers au ciel, pour y revoir
Celle que vainement je cherche sur la terre, etc.

SONNET PAGE 131.

Second tercet.

Ta demeure fut là ; notre amour prit naissance
Sur ces bords verdoyants ; pourtant je dois les fuir,
Car ils étaient pour toi des lieux de déplaisance.

SONNET PAGE 156.

Le vers original doit être :

Volo con l'ali de' pensieri al cielo.

CHANT D'AMOUR PAGE 177.

Sixième strophe, page 180.

Mais si je vois à des roses vermeilles
Un vase d'or blanches roses unir,
Son doux aspect aux grâces sans pareilles
Vers mon esprit aura dû revenir,
Grâces dont trois sont trois rares merveilles :
L'or de la tresse et le lait d'un col blanc

Et le teint pur où transpare le sang.
— Plus net encor mon souvenir s'avive
Si les zéphyrs, se réveillant un peu
 Et balançant dans un doux jeu
Les blondes fleurs de cette verte rive,
 Me rappellent le temps, le lieu
Où, *déployant l'or de sa chevelure*,
Leur souffle accrut ce feu qui toujours dure.

COUPLETS PAGE 204.

Premier couplet.

De tes sacrés vêtements
 Les perles, la pourpre même
Ternirait les ornements.

FIN DES VARIANTES.

NOTES.

(1) Pour varier un peu la monotonie d'une telle quantité de sonnets, nous avons entrelacé les rimes sur divers plans, quoique tous réguliers. Pétrarque n'a que deux modes pour les quatrains : les rimes accouplées, comme dans notre sonnet page 11, et les rimes alternées, comme dans le sonnet page 17. Dans celui-ci, page 13, et dans beaucoup d'autres nous avons introduit la rime plate, qui est d'un bon effet dans le narré, dans l'épistolaire, et donne de la solennité aux lamentations. La distinction des rimes françaises en féminines et masculines nous a portée à essayer de grouper alternativement les rimes d'un premier quatrain par féminines et celles du quatrain suivant par masculines, ou l'opposé, y cherchant plus encore des effets euphoniques que des facilités de versification. Exemples, pages 15, 37, 39, 42, etc.

Dans les tercets la distinction que nous venons d'indiquer entre deux catégories de rimes, laquelle n'existe pas dans la poésie italienne, rend difficile d'entremêler les rimes d'une façon qui satisfasse les sonnettistes italiens, fort nombreux en ce moment; on ne peut même, sans offenser une des règles fondamentales de notre versification, imiter les tercets rimés chacun sur trois rimes, ce qui d'ailleurs plaît peu à nos oreilles; aussi ne l'avons-nous risqué ici que pour en donner un échantillon au lecteur dans les deux sonnets funèbres, pages 136 et 154.

Si du reste, à moins de se fixer à une seule échappatoire, laquelle deviendrait fastidieuse par son uniformité, il est à peu près impossible de contenter les Italiens dans l'agencement des tercets, nous leur donnerons la satisfaction de déclarer que notre poétique en traduisant Pétrarque a été de nous modeler sur la sienne et non sur les règles sévères données par Boileau pour le sonnet français dans son *Art poétique*, tout en nous en excusant auprès de nos compatriotes : ainsi, par exemple, ce traité y défend la répétition du même mot, et Pétrarque, qui manie avec des grâces indicibles un vocabulaire des plus restreints, ne se fait nul scrupule de prodiguer les mêmes épithètes, les mêmes verbes, non-seulement dans tous ses sonnets, mais de les employer plusieurs fois dans le même. Sans abonder dans ce laisser-aller, nous n'avons pas du moins accepté comme une prohibition absolue toute répétition de mot. On compte comme une faute en français de faire rimer un composé avec la parole mère : Pétrarque l'affecte avec un air de recherche, et à titre de recherche nous l'imitons, comme aussi de faire rimer les homonymes, et ainsi du reste.

(2) Le saint-suaire en langue italienne s'appelle, en certaines localités, le *San-Sindone*, le *Santissimo-Sudario;* mais plus *italiennement* encore le *Santo-Volto* (saint-visage). Avec cette habitude, innocente d'intention, de confondre le sacré et le profane, dont on trouve tant d'exemples dans notre auteur, et sans doute sous le nom de *Santo-Volto*, nous pensons qu'il a entendu expliquer à madame Laure, jeune mère de famille,

sa prédilection pour quelqu'un de ses enfants qui la lui rappelait davantage.

(3) La fable favorite de Daphné poursuivie par Apollon dans la vallée de Tempé sur les bords du Pénée, dont elle était fille et qui la métamorphosa en laurier pour la soustraire à la poursuite du récent triomphateur du serpent Python né du limon de la terre après le déluge de Deucalion, laurier qui fournit une couronne à Apollon et aux vainqueurs des jeux Pythiques institués en son honneur, se développe dans ce sonnet plein de réminiscences d'Ovide, plus clairement que dans aucun autre. Voir aux Commentaires.

(4) Voir le sonnet, page 22, à Orso, comte dell' Anguillara, et la ballade intitulée *le Voile*.

(5) Laure avait perdu un parent très-cher qu'elle était allée aider à soigner pendant l'absence de neuf jours qui donna lieu à trois sonnets sur les mêmes rimes, dont celui-ci est le dernier. Voir à ce sujet quelques observations aux Commentaires.

(6) Ce sonnet débute par une syllabe qui rappelle la prononciation française du nom de Laure. De graves commentateurs se sont demandé ce qu'entendait le poëte par cet or, ces perles, ces fleurs que l'hiver devrait dessécher. Sans allégorie cette fois aux cheveux, aux dents et au teint fleuri de madame de Sade, on peut croire qu'il s'agit tout simplement de ses atours, de fleurs qu'une personne recherchée pouvait se procurer en hiver à Avignon, les fêtes de Noël et des Rois et le carnaval devant, à cette brillante époque, plus peut-être qu'à la nôtre, donner lieu à se parer. Voir la note 28 et les Commentaires.

(7) Ainsi que nous l'avions promis dans une table raisonnée, adjointe à notre seconde édition, nous avons refait ce sonnet. Tel que nous l'avions donné dans notre première édition, il avait le défaut d'être une interprétation et non une traduction, y ayant spécifié que le premier présent était un coussin, le second une étoffe ou tapisserie destinée à un rideau ou portière, le troisième un verre, quelqu'un de ces beaux verres si recherchés et si imités aujourd'hui, et qui devaient être fort rares du temps de Pétrarque, puisque encore au temps de Ronsard un semblable don a mérité de la part de ce poëte une longue pièce de remercîment, l'une de ses plus faciles. Nous persistons dans cette façon de voir, quoique d'autres objets matériels aient été indiqués, sans compter qu'on a voulu y voir une offrande faite par notre auteur à un autre personnage, de trois de ses traités latins : *De vita solitaria, De remedio utriusque fortunæ, De vera sapientia*. Quoique Muratori ait trouvé dans les fragments de l'original de Pétrarque publiés par Ubaldini la note suivante, de l'auteur même : « A messer Agapito en lui envoyant quelques petits présents que je ne pus lui faire accepter, au jour de sa naissance, 1338 ; » il se pourrait que Pétrarque eût joint un choix de quelques siens écrits aux susdits présents, donnant lieu à une double allusion familière à l'époque et même aux poëtes de tous les temps, et qu'à ces ouvrages et non au sonnet d'envoi se rapportât le dernier tercet, qui commence ainsi : « Me riponete. » (Voir aux commentaires.)

Quant à l'allégorie au dieu d'Amour de notre première édition, elle n'allait point au sujet : c'est du Temps et non d'aucun autre dieu cruel que parle le premier quatrain comme le second, bien que le commentateur qui voyait un bouclier dans le deuxième cadeau ait pu penser que ce *crudel* fût Mars.

(8) Je traduisis ce sonnet allusivement au grand soulagement moral que j'éprouvais de la guerre d'Italie et en vue de la prochaine annexion de la Toscane au règne de Victor-Emmanuel,

et, l'envoyant aussi en France, l'offris sous forme de plaisanerie à des littérateurs de Pise où j'étais pour ma santé.

(9) Cette allure à contre-mesure que tant de poëtes se permettent aujourd'hui, soit par commodisme, soit faute de sens musical, sans que rien la motive, était admise dans la poésie la plus classique lorsqu'il s'agissait d'exprimer comme ici une surprise, un mouvement rapide. Le *concetto*, ou, pour parler plus net, le calembour, que contient ce vers saccadé, doit donner lieu aussi à une observation. Les vers originaux disent : « Je me tournai et vis une ombre qui par côté s'imprimait sur le soleil (*stampava il sole*), et je reconnus sur la terre celle qui, si mon jugement n'erre point, était plus digne d'un immortel état. » Sans doute que le poëte, ébloui par le soleil sur lequel sa dame se détachait en noire découpure, en silhouette, comme diraient bravement les écrivains qui n'hésitent pas devant les anachronismes de style, ou baissant les yeux par une appréhension timide, ne la pouvait reconnaître dans cette sorte d'auréole, mais la reconnut *sur la terre* aux formes de son ombre, d'où le calembour que l'original double encore par celui d'*immortel état*. Dans le sonnet traduit page 48 : « In mezzo di duo amanti onesta, altera, » le même petit accident d'ombre et de lumière est décrit et caressé de nouveau par le poëte. On demeurerait des années en certaines localités sans en rencontrer de semblables ; d'autres y prêtent, et, quoique ce dernier sonnet soit colloqué parmi ceux qui ont rapport à Vaucluse, il nous semblerait, tant par le sujet que par cet effet de lumière, que le rivage du Rhône à Avignon près la porte de l'Oulle, où à l'époque de mon séjour était une promenade plantée des plus fréquentées et qui a dû toujours être un lieu de promenade, a bien pu être le théâtre des rencontres mentionnées dans le sonnet que les Italiens appellent *le petit nuage* et dans les quatre sur un *salut* réitéré échangé entre Laure et Pétrarque, dont celui que nous venons d'annoter est le troisième.

(10) Le poëte parle ici ostensiblement de la situation du logis d'été de Laure relativement au sien, dont le séparait, selon mes observations, le rocher de Vaucluse qu'il devait gravir et redescendre pour s'en rapprocher ; mais il fait aussi allusion, comme ailleurs, aux opinions de la famille de sa dame, lesquelles ajoutaient de nouvelles entraves à son amour : Rome désignerait le parti italien ou gibelin dont était le poëte, et Babel ou Avignon le parti de la cour auquel appartenaient sans doute le mari et les parents de celle qu'il chante. La poésie française n'admet pas dans les sonnets les enjambements d'un couplet dans un autre : ils sont assez fréquents dans l'original, et nous avons dû quelquefois les adopter comme contribuant à la fidélité de notre copie ; mais nous avons toujours souhaité que cette sobre imitation fût motivée par une suspension du sens ou une image que l'intervalle rendît plus sensible. Ici on peut trouver avec nous qu'en faisant enjamber le quatrain sur le tercet cela donne un air de rapidité à cette troupe ailée de soupirs, ce qui nous a fait renvoyer aux variantes une version plus régulière. Dans le sonnet épistolaire à Stramazzo, page 51, et dans celui de *réponse*, page 105, nous avons cru également imiter ainsi par plus de rapidité l'allure des lettres. On peut, dans le sonnet de halte au bord du Rhône, supposer un soupir après la parole *doux espoir*, et dans le sonnet de l'arrivée au ciel de madame Laure, page 151, son ascension ralentie pour se retourner. Les simples enjambements de vers, bien que multipliés dans la poésie italienne, même rimée, et dans notre auteur en particulier, y sont aussi quelquefois motivés.

(11) Ce cercle, *cerchio*, peut être interprété soit par une couronne de fleurs, soit par quelque bandelette ouvragée de laine ou de soie destinée à l'or brillant et crêpé des cheveux de madame Laure, comme dit le texte.

(19) Mantoue, patrie de Virgile; Athènes, de Démosthène; Smyrne, d'Homère. Le texte nomme aussi Arpino, patrie de Cicéron. L'une et l'autre lyre : la lyre de Pindare et la lyre d'Horace.

(20) Pétrarque alors en Lombardie songeait à retourner à Avignon, près de la famille Colonna sans doute, et se plaignait de ne pouvoir se rendre à Vaucluse. J'ai cru entrevoir que ce sonnet était dicté à une main autre que la sienne (ce que j'ai cherché à rendre dans la traduction). On peut supposer que c'était dans le but qu'il pût être lu de Laure sans être trop remarqué.

(21) La traduction de ce sonnet et celle du suivant offrent plus que d'autres de ces licences dans l'agencement des rimes annoncées dans la note 1, puisque dans les quatrains du premier les quatre rimes féminines se suivent et dans le second les quatre rimes masculines. Nous l'avons fait de propos délibéré et désirons que le lecteur, sans savoir pourquoi, trouve dans celui-ci comme une harmonie imitative et dans celui page 118 quelque chose d'harmonieusement plaintif.

(22) En lisant attentivement ce sonnet et la variante, on trouvera qu'enchérissant encore sur Pétrarque, nous y avons introduit une douzaine de fois, et avec plus de précision, la syllabe *Laure, lor* ......; mais j'ai tort de parler de *précision* dans un ouvrage que les Italiens peuvent avoir la curiosité de lire : ce mot leur sert d'épigramme contre nous, et, s'agissant de poésie et de sentiment, ce serait le cas.

(23) En italien, on dit également *Filomela* et *Filomena*; on s'est permis de faire passer *Philomène* dans le français, licence

d'autant plus admissible que le culte récemment promulgué d'une antique martyre a propagé ce nom dans cette forme.

(24) Ceci est de la quintessence : les yeux de Laure ont remplacé dans sa poitrine son cœur qui a suivi sa dame au ciel et que déjà sur terre elle avait pris.

(25) La peste de 1348 enleva à l'Europe les deux tiers de ses habitants : le cardinal Colonna en mourut à Avignon et la belle Laure à Vaucluse. Nous avons eu occasion de dire dans notre *Album sicilien* que nous supposions cette épidémie, dite *peste noire* et unique dans nos annales, n'être autre que le choléra-morbus.

(26) A la lettre : où dans son auteur l'âme s'interne.
C'est la vie que le poëte appelle un sommeil, et le réveil, c'est l'éternité.

(27) C'est-à-dire au même jour et à la même heure qu'il avait vu Laure pour la première fois en 1327.

(28) Pétrarque revient continuellement sur une sorte de jeu de mots qui n'est pas sans grâce et plaît davantage que l'allitération proprement dite des syllabes *or* et équivalentes rapprochées quelquefois au hasard. Ce jeu de mots est sur le nom latin et italien de la brise ou de la douce agitation de l'air : *aura*. Aucuns prétendent que la traduction *aure* en était avec la même signification employée jadis en français; aucuns disent que non. Ce qu'il y a de certain, c'est que de fameuses traductions d'Ovide dans la fable de Céphale et Procris, et surtout

l'imitation qu'en fit La Fontaine dans une des narrations de ses *Filles de Minée*, ont rendu ce mot assez familier à toute personne lettrée pour qu'on le retrouve comme une vieille connaissance. Ces versions d'Ovide ne purent le traduire et durent lui laisser sa forme, d'ailleurs agréable à l'oreille, puisqu'il s'agissait d'un quiproquo entre le nom du vent frais, souhaitable en été, divinisé dans les aériennes et bienfaisantes *auræ* dont Aura était la conductrice, et un nom de femme, Aure, jadis usité en France, celui de la célèbre abbesse de Saint-Martial à Paris qui a donné son nom à la rue Sainte-Avoie (mot altéré d'*Aurate*), sainte qu'on fête le 5 octobre. Je ne sais si la rue a survécu au remaniement de notre capitale.

Nous aurions pu avec la même excuse faire passer la parole *aure* dans notre traduction et reproduire ainsi sans circonlocutions le perpétuel jeu de mot de notre poëte, mais cela aurait paru d'une puérile affectation, cette expression étant au moins oubliée. Nous nous sommes bornée à la montrer comme spécimen au lecteur dans le titre de ce sonnet et à l'employer une seule fois dans la sextine *L'hiver* où il était à peu près impossible de ne pas en adopter le sens.

On trouve dans le *Canzoniere* sept sonnets, et des plus jolis, qui commencent par le calembour : *L'aura* ou *L'aure*.

(29) Voir la note 1.

(30) Cette *canzone*, réimprimée dans notre *Album sicilien*, a pour sujet *Les ruines de Syracuse* et est d'Emmanuel Giaracà, professeur de cette cité, lequel, en nous en dédiant une plus récente, *L'alloro siracusano* (Le laurier syracusain), récompensa notre travail au-delà de nos mérites. Notre excursion à Syracuse en 1863 et notre séjour prolongé sur les bords siciliens de la mer Ionienne nous ont permis de mettre un peu de *couleur locale* à cette *canzone*. Emmanuel Giaracà nous escor-

tait précisément dans l'exploration la plus hasardeuse, celle des catacombes de Syracuse qu'on dit vastes comme Paris, et par un rapprochement venu d'aussi loin que ceux du jeu des *rapprochements* et que nous n'avons pas cherché, la première chose que vous indiquent les guides à l'entrée de ces catacombes, est la trace du séjour d'un saint Martial du premier siècle qui doit être le susdit patron de la susdite abbaye, premier évêque ou apôtre de Limoges.

(31) Tous les poëtes italiens du quatorzième siècle, appelé en Italie le treizième et quelquefois par abréviation le *troisième* (tre cento), n'ont pas fait de la sextine une torture aussi compliquée. Celles de Cino de Pistoja ont six strophes de six vers, de la même mesure que celles de Pétrarque, mais sans toutes ces difficultés.

(32) Voir pour la partie mythologique la note 3. Le jeu d'esprit ou pour mieux dire le jeu de plume ou de pinceau qui fait remarquer le sonnet en question que nous avons traduit en acrostiches d'abord et ensuite par ce simple et badin madrigal, ne le trouvant pas digne de la gravité du sonnet, surprendra dans les vers d'un jeune homme qui devait être un jour Pétrarque et avait déjà passé l'adolescence; mais qu'on se reporte à l'époque où, écrits sur vélin avec le beau caractère d'écriture dont se piquait messer Francesco, enjolivés de carmin, de cobalt et fleuris en or, ces petits tours de force faisaient les délices d'une société de belles et nobles dames, et on en trouvera la recherche beaucoup moins ridicule, si ce n'est tout aussi puérile.

(33) La belle madame de Sade s'habillait de n'importent quelles couleurs à l'occasion, comme semblerait le prouver la

canzone III ; cependant cette même *canzone* ferait supposer, en commençant par *Verdi panni*, que le vert était sa couleur préférée, et, se basant sur d'autres passages de notre auteur et sur les traditions locales, on a fait de la couleur verte la couleur de la belle Laure. Ce n'est point très-clairement exprimé dans la troisième strophe de la *canzone* XV à laquelle s'adjoint cette note, néanmoins on y respire cette allusion.

(34) Les anciens usent de la comparaison ; les modernes de la similitude plus restreinte, la comparaison par l'abus risquant de paraître vague et inconcluante. Qui accepterait aujourd'hui des à peu près en fait de comparaisons comme celles qui ravissent dans Homère par la beauté des images? Pétrarque, repu des classiques grecs et latins, en était encore à la comparaison indécise dans ses *canzoni;* elles en sont plus gracieuses, plus jeunes ; mais le traducteur les réduit involontairement à la similitude à laquelle l'indispensable concision obligeait Pétrarque lui-même dans les sonnets. La connaissance du site de Vaucluse nous a aidée dans la traduction ainsi précisée de la quatrième strophe de la *canzone* XV. Pétrarque dit, en fredonnant cette fois comme une fauvette, que la neige des coteaux frappée par le soleil éblouit et se fond, double effet que le visage de Laure fait éprouver à ses yeux qui se mouillent de larmes et restent éblouis à son aspect.

S'il se fût agi de hautes montagnes, notre rédaction aurait été diverse parce que la neige résiste à leur sommet lorsqu'elle est déjà fondue sur leurs pentes ; mais, s'agissant de petits coteaux, c'est l'opposé, et le soleil fait fondre la neige à leur cime lorsque plus bas l'ombre la conserve encore. Passons à la seconde idée de la comparaison : *il bianco e l' aureo colore*. Les coteaux de Vaucluse, ce qu'on y appelle des rochers (excepté celui qui ferme la vallée et au pied duquel la source ou Sorgue naît d'un gouffre profond qu'on visite en hiver sous le nom de *grotte*, et qui regorge d'eau en été au point de former plus bas une cascade, et ceux que les eaux basses laissent à nu), les prétendus rochers de Vaucluse, dis-je, sont des collines aiguës, quelquefois des pains de sucre d'un sable durci extrêmement jaune. La comparaison en question fait voir que dès le temps de Pétrarque quelques-uns étaient déjà dépouillés de végétation. Quant à comparer cette teinte jaune du sable alternant avec la neige aux beautés de madame Laure, nous dirons en français que cela nous semble *tiré par les cheveux*, et si nous parlions italien nous nous permettrions de dire que la comparaison nous paraît *arrenare*.

(35) Pétrarque fait dans cette strophe allusion au sonnet : *Erano i capei d' oro*, et en reproduit les vers, ce que nous avons imité quant à ceux de notre traduction. Voir ce sonnet page 39 et les commentaires.

(36) Les anciens admettaient que le laurier écartait la foudre.

FIN DES NOTES.

CITATIONS
DE COMMENTATEURS ITALIENS.

COMMENTAIRES DE LA TRADUCTRICE

ET NOTES BIOGRAPHIQUES.

Sonnet : *Gloriosa colonna in cui s'appoggia*,
page 14.

Stefano della Colonna, dit le *Vieux,* l'un des plus fermes champions du parti gibelin, était le protecteur de Pétrarque qu'il aimait, dit celui-ci, à l'égal de ses fils.

Stefano dit *le Jeune,* le cardinal Jean, et Jacques évêque de Lombez, fils aînés de Stefano le Vieux, furent aussi les amis et les patrons de Pétrarque, et leurs noms se retrouvent souvent dans ses œuvres.

Le palais des Colonna, où demeurait à Avignon le poëte, était un point de réunion pour tout ce que cette ville possédait de grand et pour tout ce qu'on y voyait passer d'illustre.

On ne sait si c'est au père ou au fils qu'est adressé ce sonnet : il est parfois même indiqué comme adressé au cardinal.

SONNET : *Apollo, s'ancor vive il bel desio*,
page 20.

Ce sonnet est le dernier d'un groupe de trois sur une maladie de Madame Laure, groupe sans unité ni de ton ni de système, car le premier : *Quest'anima gentil*, omis dans cette édition, marche à la suite de Dante et de Béatrix, quintessenciant le système de Platon ; le second : *Già fiammeggiava*, d'une superbe allure, se soutient dans la sphère astronomique, et celui-ci est une gracieuse page toute terrestre d'Ovide.

En traduisant l'avant-dernier vers, il nous est venu la tentation d'altérer l'expression de s'*asseoir*, expression singulière, Laure et Daphné y étant identifiées avec le laurier et pouvant comme arbres se faire ombre à elles-mêmes, se couronner de fleurs, trôner, mais non s'asseoir... Ensuite nous avons pensé que le poëte s'identifiant avec la poursuite d'Apollon avait, en faisant *asseoir* leur commune dame, voulu exprimer l'image la plus agréable pour *eux*, celle de la lassitude d'une course vaine, et nous avons renvoyé les modifications aux variantes.

Le mot de *bise* n'est point ici de fantaisie : c'est le nom d'un terrible vent du nord qui, parti du mont Ventoux, désole toute la vallée du Rhône jusqu'au delà d'Avignon. Il est surtout dangereux au printemps.

SONNET : *Orso, e' non furon mai fiumi ne stagni*, page 22.

Orso, sénateur romain, gendre de Stefano Colonna le Vieux, dont il avait épousé la fille Agnès. Pétrarque demeura chez lui, au château de Capranica près de Rome, lorsqu'il fit en 1336 le voyage d'Italie.

Ce seigneur l'accompagna dans la cérémonie de son triomphe.

Sonnet : *Il figliuol di Latona avea già nove,*
page 23.

Il fait suite à deux autres sur les mêmes rimes : *Quando dal proprio sito si rimove ;* et *Ma poi che'l dolce riso umile e piano.*

Ces sonnets se multipliant pour une même circonstance, usage fort à la mode encore en Italie, réclamaient le petit commentaire dont déjà nous les avions accompagnés pour en expliquer l'occasion ; mais nous ferons ici deux autres remarques.

La première, qui n'a jamais été faite, que nous sachions, est que les érudits se sont donné des peines infinies pour savoir de quelle famille était issue la belle Laure, mariée à Hugues de Sade, dit depuis *le Vieux,* et qu'une lecture attentive des sonnets corrobore à n'en pouvoir douter, entre toutes leurs conjectures, celle qui la fait naître d'un gentilhomme du nom de *Noves.* Que l'on observe en effet dans les sonnets les plus tendres et en même temps les plus respectueux, dans ceux en un mot où l'amour du poëte voulait être deviné, comme il fait résonner et caresse les syllabes *nove, nova.* Les trois en question, rimés sur les mêmes rimes, sont de ce nombre; nous citerons encore celui : *Le stelle e'l cielo e gli elementi a prova* (p. 59); celui (p. 75) : *Stiamo, Amor, a veder la gloria nostra;* le sonnet CCVIII, etc.

(Traductrice.)

La seconde remarque qu'il convient de faire préalablement aux raisonnements sur le sujet de ces sonnets, et qui servira pour beaucoup d'autres, nous l'empruntons à Biagioli, qui la met au jour comme commentaire du premier de ce groupe.

« Ici paraît, dit-il, cette figure par laquelle l'imagination du poëte se donne si souvent si large carrière et qui lui fournit de si belles, de si neuves, de si gracieuses images. Dans ce triple mystère Daphné, le laurier et Laure se meuvent comme d'un même tour et d'un même mouvement et s'ombragent réciproquement. »

Biagioli dit au sujet du troisième sonnet sur les mêmes rimes :

« Apollon avait donc cherché déjà neuf jours à voir Laure, et Laure était invisible même au dieu de la lumière, parce que, retenue au logis dans le lieu où elle était allée pour une grave maladie d'un parent très-cher, elle ne songeait à autre chose qu'aux soins du malade et au souci de la famille qu'elle laissa ensuite affligée de la mort d'un père. La pitié et le regret ayant changé le visage de Laure, ses yeux étaient encore imprégnés de larmes à son retour, et le poëte attribua à cette cause l'état de l'air qui resta troublé après avoir paru se rasséréner à son approche, comme il attribuait à sa longue absence et au découragement d'Apollon la persistance du soleil à rester caché. »

(BIAGIOLI.)

La variante est conforme à l'interprétation de Tassoni, qui applique à Phœbus et non au visage de Laure l'expression *lui medesimo* et le voit tout larmoyant.

(TASSONI.)

SONNET : *Se col cieco desir che 'l cor distrugge,*
page 27.

La dernière réflexion, qui vient fort à propos, fait allusion à la sentence d'Ovide : *dicique beatus ante obitum nemo, supremaque funera debet.*

(SOAVE.)

Sonnet : *La guancia che fu già piangendo stanca,*
page 28.

L'Agapito ou Agapet, à qui ce sonnet s'adresse, était un Colonna, frère du cardinal Jean et de Jacques, évêque de Lombez ; il fut lui-même évêque de Luni. Ne pas confondre avec un de leurs parents, Agapito Colonna junior, élève de Pétrarque et cardinal depuis.

(GIUSEPPE FRACASSETTI et UGHELLI.)

Sonnet : *Se voi poteste per turbati segni,*
page 31.

A l'occasion d'autres sonnets, nous avons établi ailleurs que Madame Laure était née à Vaucluse et qu'elle n'en aimait pas le séjour, nous basant principalement sur ce passage du *Triomphe de la Mort* où Pétrarque lui fait dire :

« Fort heureuse en toutes les autres choses, en une seule je me déplus à moi-même, ce fut d'être née d'un sol trop humble. »

Voir le sonnet, page 131.

(TRADUCTRICE.)

SONNET : *Amor con sue promesse lusingando*,
page 33.

La comparaison de *tours ténébreuses* ne se trouve pas dans le texte ; nous nous la sommes permise, parce que sous le rapport matériel elle rentre dans cette image de prison et que, sous le rapport moral, elle est du même goût que celle de *cieco laberinto* du sonnet *S'una fede amorosa*.

SONNET : *Per mirar Policleto a prova fiso*, page 34.

Simon Memmi, de Sienne, vint d'Italie à Avignon pour contribuer à la décoration du palais que terminait Benoît XII. Il fit, comme on le voit, le portrait de Laure pour Pétrarque, et à en juger par les têtes de femmes expressives et variées qu'on peut admirer encore au *Campo-Santo* de Pise dans son élégante fresque de la conversion de saint Ranieri, ce portrait pouvait être aussi satisfaisant par la physionomie et les accessoires que par le naturel des ombres et la précision du trait.

(TRADUCTRICE.)

Polyclète était un fameux sculpteur de l'antiquité, ce qui, joint à la citation de Pygmalion dans un second sonnet sur le même sujet et à l'existence de petits portraits en bas-reliefs du poëte et de sa dame, attribués à Simon de Sienne, a fait penser que le portrait en question était une sculpture. La lecture attentive des sonnets détruit cette opinion, surtout celle du premier.

Notre système étant cependant de chercher à concilier les opinions diverses, plutôt que de les détruire l'une par l'autre, nous soumettrons tout à l'heure aux pétrarquistes la possibilité que le premier sonnet se rapportât à une miniature et que le second fît au moins allusion à ces bas-reliefs dont se glorifie la Toscane.

Parlons du premier sonnet : Alfieri trouve cette fable d'un portrait esquissé dans le Paradis avant la naissance de Laure (et même, selon lui, avant la naissance de Simon) un peu recherchée. Il paraîtrait que le poëte aurait en cela suivi le système de Platon et de Dante, qui veulent que les idées des choses futures, présentes et passées, soient dépeintes de toute éternité dans la pensée créatrice.

Dans le sonnet : *In qual parte del ciel, in quale idea*, page 60, Pétrarque a adopté ce dogme et l'a modifié en ce sens qu'il suppose que les idées préexistantes des choses sont rangées, selon leur plus ou moins de perfection, dans diverses parties du ciel plus ou moins divines, étant plus ou moins activées par la présence et le souffle de Dieu. De là : *Quelle sphère du ciel.*

Il suppose encore que, première exécutrice des volontés divines dans ce qui concerne le corps, définissant l'âme une créature formée par Dieu même sans agent, sans intermédiaire, sans moyen, la Nature donne la forme aux idées éternelles lorsqu'arrive l'heure de leur existence, appelant *idée* ou *type* l'image subsistant dans la pensée éternelle et *exemple* ou *modèle* l'image conçue par la Nature au moment de lui donner l'être. De là :

« ... Quel type sans défaut
« Te fournit le modèle, ô féconde Nature,
« Quand tu voulus, formant son aimable figure, etc. »
(ALFIERI, BIAGIOLI).

Je n'ai recueilli à Avignon nulle tradition alentour du portrait de Laure par Simon Memmi : son musée possède deux portraits anciens : l'un de profil dans un costume rose, de style champêtre, avec les bras et les mains; la belle Laure, représentée sans doute à Vaucluse, odore une fleur des champs d'un air absorbé; elle est très-blonde et très-délicate. J'ai retrouvé ce portrait gravé dans de grandes et anciennes éditions italiennes de Pétrarque, et on y avait exagéré la forme quelque peu retroussée du nez, *défaut* que j'ai vu développer comme une grave accusation dans je ne sais quel commentaire italien fait sans doute d'après cette gravure. Cela ne paraît dans nul autre portrait, ni dans ce que Pétrarque relève de noble en cette beauté qui n'eut, d'après ses poésies lues avec soin et la tradition, d'autre imperfection que d'être, soit journalière comme on prétendait, quand les compliments savaient parer à tout, que l'étaient toutes les jolies femmes, soit sujette à des périodes plus prolongées d'obscurcissement dues à des combats intérieurs et à une santé souvent éprouvée, ne fût-ce que par la fréquente tâche maternelle. Elle mourut à 35 ans, et conserva jusqu'à la fin la délicatesse de son teint et la teinte dorée de sa chevelure. L'autre portrait que possédait de mon temps le musée d'Avignon et qui, plus que le premier, paraissait exempt de retouches et vraiment fait d'après nature, offrait un riche et pesant costume vert et or qui devait être celui dans lequel Pétrarque la vit pour la première fois en ville et auquel le sonnet intitulé *La vision de la biche* nous paraît faire allusion, la coiffure bizarre or et blanc ayant pu donner l'idée des cornes dorées dont il y est question.

Madame De Sade est dans ce portrait, comme dans tous, une blanche blonde d'une beauté pure, ce qui n'est pas rare, avec des yeux noirs, ce qui l'est assez; mais cette gothique peinture donne plus que pas une autre, par la majesté et la largeur du front, et la fierté des paupières baissées, contrastant avec la douceur calme de la bouche, une haute idée de son moral. Il se pourrait que cette œuvre, qui nous impressionna vivement, fût de Simon Memmi. Elle était déjà assez altérée. On doit pourtant croire que le peintre siennois livra à son ami un double en miniature, puisqu'on sait que Pétrarque portait toujours avec lui une image que cependant il ne pouvait publiquement étaler.

Les *ciceroni* et les *entendus* vous parlent à Avignon d'un portrait de la belle Laure par Giotto, introduit parmi les figures accessoires d'un fronton peint à fresque dans la façade de Notre-Dame-des-Doms..... J'ai mémoire de couleurs encore fraîches et de chevelures blondes, mais je ne sais si Giotto, mort en 1334, pendant qu'il travaillait aux fortifications de Florence, vint à Avignon, et s'il y vint surtout assez tard pour que la célébrité donnée par Pétrarque à sa dame le portât à la colloquer dans un fronton de cathédrale, comme Raphaël dans son Parnasse du Vatican (1).

Les châssis vitrés de la collection de peintures et d'antiquités attenante à la bibliothèque Ambrosienne, à Milan, possèdent une miniature de profil de madame Laure, fort belle, et qui, d'après le plus authentique des deux portraits d'Avignon, nous paraît fort ressemblante. Il se pourrait qu'elle fût de Léonard de Vinci; je ne sache pas qu'on eût connaissance qu'elle représentât cette beauté célèbre, ce que rendent pour nous incontestable le type et le costume.

Patania, peintre palermitain décédé en 1852, a

---

(1) Il ne s'agissait peut-être que d'une confusion du nom plus célèbre de Giotto avec celui de son contemporain Memmi. — Nous permettra-t-on de mentionner que si, moins encore que la jeune Laure, nous ne devions pas figurer dans les fresques de Notre-Dame-des-Doms, le peintre qui de notre temps fut appelé par l'Archevêque, Monseigneur Dupont, Niçard, pour y exécuter celles de la chapelle de la Vierge, mit Notre-Dame-des-Doms dans le portrait de Madame Mahul préfette et jeunette, la représentant un peu vieillie dans une tribune de cette antique église, entre les draperies de damas cramoisi à l'italienne dont on la décorait pour ces cérémonies si belles où ses chanoines revêtent par tradition le costume des cardinaux et où l'Archevêque l'invitait avec tant de courtoisie? Une vue du Rhône fait fond au portrait en pendant du préfet, M. Mahul, peint par le même Eugène Devéria.

exercé son pinceau délicat et précis à faire revivre madonna Laura en pendant avec Béatrix ; portraits qui s'adjoignent comme gloires de la poésie italienne à la collection de ceux des illustres Siciliens, l'un des plus intéressants objets de la galerie du respectable Agostino Gallo à Palerme. Dans ce portrait, la belle Laure est ou d'une santé trop florissante, ou pas assez jeune, selon l'idée que nous nous formons des péripéties de sa beauté; de plus elle a les yeux bleus, ce qui est tout à fait contraire à la tradition, mais devait séduire, comme la rareté la plus précieuse, un artiste de cette chaude cité; sans compter que l'adjectif *céleste,* employé par Pétrarque en parlant de son regard, a quelquefois été pris comme signifiant la couleur *cilestra.* Patania a mieux réussi comme exactitude matérielle dans une vue fort ressemblante de la fontaine de Vaucluse ornée de figures. Je dis *matérielle,* parce que le sujet ne me paraît pas conforme à la vérité anecdotique.

Qu'on nous permette de trouver qu'un des triomphes de Madame Laure est d'avoir, à une époque comme la nôtre où sévit en France une rigueur systématique contre la femme, ou pour mieux dire contre *les dames,* vaincu cette répugnance contre tout ce qui les pourrait grandir, en prenant place au jardin du Luxembourg à Paris dans une série d'illustres Françaises : reines, guerrières, saintes, etc. Sa statue témoigne par quelque chose de sensible et de souffrant de la connaissance de notre poëte dont elle paraît méditer un sonnet.

Retournons à Simon Memmi. Les érudits ont déjà relevé comme une erreur de date le préjugé local qui veut qu'il ait représenté Laure agenouillée près de Pétrarque dans une des grandes fresques de la chapelle des Espagnols, à deux pas de cette pénétrante peinture d'autel ou retable, malheureusement endommagée, qui donne une plus haute idée encore de son talent et qu'on rencontre dans le cloître vert (*chiostro-verde*) attenant à l'église de *Santa-Maria-Novella* de Florence. Malgré quelque analogie dans l'ensemble de cette chaste figure de la grande fresque, le jeune homme sur le bras duquel elle s'appuie ne saurait être Pétrarque, qui ne fut jamais blond, et la convenance morale n'aurait pu être ainsi enfreinte. Le groupe entier représente, selon nous, dans cette vaste composition à la gloire des Dominicains, les différentes classes de la société se mettant sous leur protection en ces époques où la société civile n'était pas organisée. On y voit un paysan, un guerrier, un clerc et le groupe en question représentant les époux, puis une vierge, une veuve. Que le type de Madame Laure eût été choisi pour la figure la plus en évidence, c'est une concession qui doit être combattue par la date de la fresque, 1320, et par une raison toute à la louange de Laure, à savoir que sa beauté était plus régulière et plus suave.

(Traductrice.)

Les érudits ont opposé d'autres objections à la prétention des trois effigies les plus connues que possède Florence de la belle Laure et qui incontestablement la représentent, à être le portrait des sonnets. — La miniature d'un *canzoniere* de la bibliothèque Laurentiane ne peut être le portrait en question, premièrement parce que ce *canzoniere* est d'une époque beaucoup plus récente; secondement à cause de ce décisif anachronisme moral d'offrir nez à nez sur un même feuillet une femme mariée et son admirateur. — Le portrait sur panneau, appartenant à une famille Bellanti originaire de Sienne, dans la galerie de laquelle on l'y voyait précédemment, pourrait bien être de Simon Memmi, qui a pu reproduire plusieurs fois l'image d'une personne que le premier poëte de Toscane et de

France rendit bientôt célèbre ; mais, pas plus que celui du musée d'Avignon, ce portrait ne doit être celui des sonnets, pour n'être pas un objet à mettre ni dans son sein ni dans sa poche, comme, en écrivant ses graves colloques, Pétrarque lui-même s'est fait gronder de semblable scapulaire par S. Augustin mis en scène. — En dernier lieu les bas-reliefs dont l'authenticité comme œuvre de Simon est plus admise, quoiqu'on ne connaisse de lui nulle autre sculpture, et qui sont fort petits puisqu'ils ont six pouces de haut et quatre de large, ne peuvent néanmoins avoir été non plus cet objet chéri et tenu sur un cœur de poëte qu'on s'est *enfin* résigné en Italie, au risque de choquer les prétentions diverses, à déclarer avoir dû être sans conteste une petite miniature faite à part dans ce but.

(Amplification de Giuseppe Fracassetti.)

Nous concédons que ces petites sculptures aient pu appartenir à Pétrarque et orner sa retraite en Toscane après avoir été tenues secrètes à Avignon, soit dans l'atelier, de Simon Memmi, soit dans quelque cachette de *Messer Francesco*, et que peut-être le *second* sonnet y fait quelque allusion. Du reste nous ne nous étendrons pas sur les probabilités intrinsèques tirées de l'analogie de ces trois portraits, classiques à Florence, avec ceux que Pétrarque faisait si amoureusement de sa dame en vers et en prose, ayant l'habitude de ne parler que des choses que nous avons vues et des familles que nous connaissons.

(Traductrice.)

Sonnet : *Io sono sì stanco sotto 'l fascio antico,*
page 36.

Pétrarque entremêle ici à ses propres vers un passage du psaume de David 54 et un du chapitre 11 de l'Évangile selon saint Matthieu, psaume et chapitre où se trouvent développés des sentiments fort analogues à ceux que les mœurs d'Avignon lui suggèrent dans le sonnet : *Dell' empia Babilonia*.

Nous devons supposer qu'il craint pour son salut à cause de cette atmosphère où il était obligé de vivre beaucoup plus qu'à cause de sa passion pour la belle Laure à laquelle, au contraire, il a attribué en divers endroits la force et la délicatesse qui le firent résister au courant des mauvais exemples, passion qu'il se reprochait, non comme péril pour ses mœurs, mais soit comme une sorte d'idolâtrie enlevant trop de son cœur à l'amour divin, soit comme la source de son propre tourment.

(TRADUCTRICE.)

SONNET : *Erano i capei d'oro all'aura sparsi*, pag. 39.

Ce sonnet, l'un des plus estimés de Pétrarque, fut composé par lui pour répondre à un étranger qui, voyant pour la première fois Laure déjà changée, soit accidentellement, soit définitivement, s'étonnait de la passion du poëte. Il y décrit une rencontre à Vaucluse dont il a fait aussi le sujet de la très-fameuse *canzone* XIV et du sonnet *L'aura serena*, rencontre qui paraît l'avoir plus frappé que la première entrevue à l'église.

Le sujet et le rang de ce sonnet font penser que plusieurs de ceux qu'on trouve plus loin et qui portent si haut la beauté de Laure n'ont pas été placés dans leur ordre de date ou ont été faits sur des souvenirs, ce qu'on pourrait, au moins pour quelques-uns, inférer du sonnet : *Vergognando talor ch'ancor si taccia*, page 18.

Pétrarque, averti sans doute du grand succès du

sonnet *Erano i capei d'oro*, y a fait allusion dans d'autres poésies, notamment dans la *canzone* que nous donnons page 177 où il dit à propos des fleurs jaunes des prés :

> *Torna alla mente il loco*
> *E'l primo dì ch' i' vidi a Laura sparsi*
> *I capei d'oro, ond' io sì subit'arsi.*

« Le lieu me revient à l'esprit et le premier jour que de Laure je vis épars les cheveux d'or et m'enflammai aussitôt à cet aspect. »

Le dernier vers de ce fameux sonnet :

> *Piaga per allentar d'arco non sana,*

« La plaie ne guérit pas par le ralentissement de l'arc », est devenu proverbial. Le roi René le prit pour devise dans son constant amour pour sa femme, la blonde Isabelle de Lorraine.

(Traductrice.)

Sonnet : *Piangete, donne, e con voi pianga Amore,*
pag. 40.

Cino de Pistoja, jurisconsulte et poëte italien, né à Pistoja en 1270, publia un commentaire sur le code qui le fit connaître si avantageusement, que plusieurs universités lui offrirent à la fois des chaires de droit. Il professa avec succès à Trévise, à Pérouse, où il eut Barthole pour élève, puis à Florence, où il mourut en 1337 (1).

La meilleure édition du commentaire de Cino est celle de Francfort, 1578. On a aussi de lui un recueil de poésies publiées sous ce titre : *Rime di messer Cino da Pistoia, Rome,* 1559. Il est, de tous les poëtes italiens qui précédèrent Pétrarque, celui dont les vers ont le plus d'élégance.

(*Dictionnaire* de Bouillet.)

Aussi Pétrarque ne dit-il pas dans ce sonnet :

« Pleurez, mes vers et mes rimes aussi, »

Mais :

« Que les vers pleurent et encore les rimes. »

Il l'avait connu à Montpellier où il était allé étudier la jurisprudence et où Cino professait; ses conseils et son exemple avaient dirigé et excité ses dispositions poétiques. Ils restèrent en relation.

(1) Son corps fut transporté à Pistoja.

On voit que ce sonnet est fait de cœur et de bonne amitié.

Le second quatrain dit :

« Pour moi, je prie ma récente douleur que les « larmes ne me soient pas par elle disputées, et « qu'elle me soit de soupirs aussi généreuse qu'il « est nécessaire pour me dégonfler le cœur. »

Nous avons mis ce fait d'une douleur concentrée au passé ; il semble que, succédant à la stupeur du premier moment, les pleurs aient dû cependant précéder les vers.

(TRADUCTRICE.)

SONNET : *Io son dell' aspettar omai sì vinto*, p. 41.

Le dernier vers de ce sonnet a exercé les commentateurs en parlant de :

L'anima che peccò sol' una volta.

Quelle fut cette seule fois? Quel fut le péché de cette âme?...L'abbé Costaing de Pusignan, littérateur et archéologue avignonais du commencement de ce siècle, dans un petit livre précieux sous le rapport topographique et sur lequel nous reviendrons, a expliqué ce vers à sa manière en ne l'isolant pas du précédent :

Or a posta d'altrui conven che vada
L'anima, etc.

Ce bon abbé est dans l'usage de forcer les textes ; aussi son opinion, lorsqu'il ne s'agit pas des localités, n'a-t-elle à nos yeux de poids que sous le rapport de cette connaissance du cœur humain présumable chez un ecclésiastique qui, vu l'époque où il écrivit, n'était plus de l'espèce des petits collets, habitués des salons ou des académies. Il montre peu de perspicacité lorsqu'il s'agit de décider si Laure était en réalité Madame de Sade et il la veut voir demoiselle ; mais sa conclusion est ici d'une originale sagacité et indulgence envers son ami Pétrarque. Il prétend que cela veut dire que ceux *à qui la solitude est mauvaise* (expression du vocabulaire ascétique que dans le système envahisseur d'isolement et de division on a feint d'oublier) doivent, plutôt que de vivre solitaires, rechercher la société de leurs voisins, voire même de leurs voisines.

Or a posta (ou *a posto*) *d' altrui conven che vada*
L'anima che peccò sol' una volta.

Le sonnet CXCVIII qui finit par le vers :

Tal paura ho di ritrovarmi solo,

confirme, si ce n'est l'interprétation du bon abbé, du moins son opinion.

(COSTAING DE PUSIGNAN.)

SONNET : *Sennuccio, i' vo' che sappi in qual maniera,*
page 46.

Sennuccio del Bene, poëte, ami et confident de Pétrarque, était secrétaire du cardinal Colonna. Ce sonnet est le premier d'une série qui, sans avoir l'intention de former un groupe poétique comme certains, se rapporte dans son ensemble à un des moments les plus intéressants de la vie du poëte, celui où il se décida à transporter sa résidence habituelle à Vaucluse où il avait quelque bout de propriété. Tassoni, en le rapportant à cette époque, prétend qu'il expose la façon dont Laure le recevait à la campagne et que par conséquent il devrait suivre et non précéder le sonnet : *Qui dove mezzo son, Sennuccio mio,* lequel sous une transparente allégorie porte la trace des tracasseries politiques qui motivaient son départ d'Avignon. — Heureux temps où un voyage de trois heures, quelques rochers et quelques haies d'aubépine mettaient à l'abri des intrigues de parti! — D'autres veulent y voir les rigueurs, les *variations* de Madame Laure, comme dit Pétrarque, motivant ou colorant ce brusque départ.

(Traductrice, Tassoni.)

Sonnet : *Dell' empia Babilonia ond' è fuggita*, pag. 47.

Fort important sous le rapport biographique, ce sonnet prouve d'une façon irréfragable que la politique et non le dessein de fuir Laure pour toujours déterminèrent la translation de Pétrarque à Vaucluse.

> *Dell' empia Babilonia ond' è fuggita*
> *Ogni vergogna, ond' ogni bene è fuori.....*
> *Son fuggit'io.....*

« De l'impie Babylone dont a fui toute vergogne, dont tout bien est sorti... j'ai fui, etc., » n'est pas le début d'un sonnet où il se féliciterait d'avoir eu le courage de s'éloigner d'une amie trop chère.

Il le termine ainsi :

Sol due persone cheggio; e vorrei l'una
Col cor ver me pacificato ed umile ;
L'altra col piè, siccome mai fu, saldo.

« De deux seules personnes je m'informe. Plus pacifique envers moi je voudrais la première; l'autre debout encore et aussi inébranlable que par le passé. »

La première, dit Biagioli, est Laure; l'autre s'entend du cardinal Colonna qui en était arrivé, par la rage de ses ennemis et l'adversité de la fortune, à ne plus pouvoir tenir ferme dans son parti. (Voir pag. 231.)

Certes voilà un honorable motif de retraite pour un homme de trente-trois ans, pour un étranger dont les Colonna étaient les seuls protecteurs; et d'où a-t-on évoqué le puritanisme qui se plaît à supposer pour la plus grande gloire de Pétrarque qu'il vint se fixer à Vaucluse dans le but d'éviter sa *Dame*, comme on disait au quatorzième siècle, expression suffisante à démontrer qu'à cette époque de foi et de platonisme on ne parlait pas de nous comme de vampires dangereux?

(BIAGIOLI ET TRADUCTRICE.)

Sonnet : *In mezzo di due amanti onesta altera*,
page 48.

Fait sur un rien (un rayon de soleil qui éblouit Laure et tourne ses yeux vers son amant, un nuage qui vient par hasard obscurcir au même moment le soleil), ce sonnet est des plus estimés. Le premier quatrain dit :

« Je vis une dame et ce seigneur avec elle qui
« entre les hommes règne et entre les dieux ; et le
« soleil était d'un côté, et moi de l'autre. »

Ce seigneur est l'Amour, indivisible compagnon de Laure, souverain de l'univers, et le plus grand des dieux.

(Biagioli.)

Voir la note 9. Si ce sonnet, entremêlé parmi ceux de l'arrivée à Vaucluse, représente en effet une promenade à Avignon, on pourrait y voir quelque échantillon de cette jalousie galante et pour ainsi dire conventionnelle qui dicta celui intitulé le *Baiser d'honneur*, traduit page 97. Un des Colonna précité, ou quelque autre grand personnage accompagné de sa suite, salua peut-être la belle Laure, l'arrêta ou l'escorta quelques pas dans un lieu fréquenté, et cela surtout dans le but d'honorer Pétrarque.

SONNET : *Pien di quella ineffabile dolcezza*, p. 49.

On a voulu tirer de ce sonnet une double conclusion, doublement inexacte pour tout pèlerin de Vaucluse, pour tout lecteur attentif du *canzoniere*.
De ce que dit Pétrarque dans les tercets :

Giunsi sol con Amor pensoso e tardo :
.....Ivi non donne, ma fontane e sassi.

on a voulu inférer : 1° que, venant s'installer à Vaucluse en 1337, il n'y vit plus Laure, établissant avec l'argumentation habituellement trop carrée des annotateurs que, parce que Laure demeurait à Avignon, elle ne demeurait pas à Vaucluse; 2° on a voulu que ce départ de la ville, cette retraite sur les bords de la Sorgue, ait eu pour motif de fuir l'objet d'une ardeur, laquelle, malgré les formules poétiques des sonnets, devait être en décroissance puisqu'elle durait depuis dix ans, et que notre auteur ou ses amis ont cru devoir faire disparaître sa correspondance de l'époque précédente, témoin trop éloquent de cette trop vive admiration, tandis qu'ils en ont conservé la suite qui ne fait que la mentionner.

Réfutons d'abord la susdite première assertion.

Les usages diffèrent selon les climats et les localités, plus que selon les époques. Dans beaucoup de nos départements on habite réglément quatre, six ou huit mois de suite la campagne et le reste de l'année le chef-lieu ou, avec trop de préférence, Paris. Ce fut avec d'autres circonscriptions et à d'autres époques la même chose quant à la division du temps : les Avignonnais, comme beaucoup d'Italiens, alternent le séjour de la cité et celui de la *villa* ou du château sans époques fixes ; mais où et quand a-t-on vu les nobles dames passer toute l'année en ville, dans une ville surtout chaude comme est Avignon, comme il devait l'être lorsqu'avec la même circonférence dessinée par ces beaux remparts gothiques qui le protégent contre la bise et les inondations, il contenait cent mille habitants au lieu de trente mille et quelques?

Si Laure allait à la campagne ailleurs, Pétrarque pouvait se reposer sur ses absences pour donner du calme à sa flamme, et prétendra-t-on qu'il ait passé des années à Vaucluse sans retourner à Avignon *de peur de la voir?* Mais le *canzoniere* d'un bout à l'autre représente Laure à Vaucluse, et on sait suffisamment que le poëte, venant y habiter, en 1337, eut d'autres motifs de retraite et qu'il choisit précisément, comme dit le sonnet commenté,

>........ *una valle chiusa d'ogni intorno*
> *Ch'è refrigerio de' sospir miei lassi,*

parce qu'il devait y retrouver, selon les derniers vers, l'image

>.............. *di quel giorno*
> *Che 'l pensier mio figura, ovunqu'io sguardo,*

et conserver l'espoir de la revoir quelquefois, l'expérience réciproque et connue de dix ans de prudence et de respect mettant à l'abri sa conscience et le renom de Madame de Sade.

S'il mentionne qu'il n'y trouve point de femmes (au pluriel), ce qui nous a porté à cette variante :

« Là je ne trouvai point des femmes élégantes, »

c'est que d'après le sonnet : *Qui dove mezzo son*, Laure n'était pas à Vaucluse au moment où il s'y rendit, et que, repensant à ces brillantes sociétés au milieu desquelles il l'avait laissée en quittant Avignon, il ne se trouvait environné que d'eaux et de rocs; mais certes il devait y porter l'espoir de la rencontrer, car autrement ses vers conserveraient la trace d'un déchirant effort. N'y dit-il pas d'ailleurs à Sennuccio :

Tosto che giunto all'amorosa reggia
Vidi, onde nacque Laura dolce e pura.. ..
Amor.....raccese il foco e spense la paura :

nous pourrions même interpréter par sa venue probable et prochaine le dernier vers :

Che farei dunque gli occhi suoi guardando?

(TRADUCTRICE.)

Pour revenir à la variante :

« Là je ne trouvai point des femmes élégantes,
« Mais des rochers croulants, des ondes jaillissantes ; »

l'état actuel des choses nous a fait employer l'expression de *rochers croulants*, exacte sous deux aspects, soit qu'il s'agisse des matières friables dont se composent les aiguilles de Vaucluse (voir la note 34), soit de la pierre proprement dite qui forme le sous-sol mis à nu en certains endroits, notamment sur la pente où s'élèvent les ruines du château des évêques de Cavaillon, masses qui, n'étant plus retenues par la végétation, exposent continuellement les habitants du village de Vaucluse.

Je sais que dans ses lettres latines Pétrarque a parlé de sa vie solitaire en ce séjour, de son vieux serviteur et de sa vieille servante brûlée comme une Éthiopienne, de son jardin, de ses amusements champêtres ; mais l'année est longue, et Laure, s'il la rencontrait à la campagne, ne l'y passait pas tout entière ; l'usage d'ailleurs est de parler à ses correspondants de la vie personnelle qu'on mène, et non de leur dire, si on rencontre la femme ou la fille de son voisin, qu'on les a trouvées plus jolies que jamais.

(Traductrice.)

Sonnet : *Quelle pietose rime, in ch'io m'accorsi,*
p. 51.

On se persuadera plus complétement que cette réponse à Stramazzo de Pérouse est ironique, si on lit attentivement le sonnet : *Se l'onorata fronde che prescrive,* autre réponse à un sonnet du même, tant bien que mal traduit dans notre première édition. Le premier nous montre Pétrarque fier et irrité, le présent, moqueur et poli, ce qui est la marche habituelle des sentiments froissés. La correspondance de notre auteur avec l'évêque de

Rhodez, le cardinal Bernard d'Albi, qui lui demandait des conseils sur ses poésies, atteste que notre auteur savait manier l'ironie, même dans sa forme la plus impardonnable, qui est celle de la louange.

Gresset, littérateur amiénois du dix-huitième siècle, a une sorte d'épître badine sur un sujet semblable au sonnet commenté : elle commence ainsi :

> De vos nombreux et beaux *de profundis*
> Fort humblement grand merci je vous dis.

(Nous citons de mémoire.) Nous ne pensons pas que Gresset y ait fait acte de plagiaire ; le hasard aura amené semblable rencontre, et, quelque peu homme d'église comme Pétrarque, quoique marié, il aura rimé volontiers sur un sujet qui rentrait dans ses habitudes d'esprit, sans mériter comme d'Urfé, Ronsard et d'autres, le reproche de puiser à pleines mains et à la sourdine des inspirations dans le *Canzoniere*, dont l'ensemble n'est nullement dans sa spécialité.

Voici une opinion différente de Tassoni. « Ce sonnet, dit-il, est en réponse à une mauvaise *canzone*, comparable aux lamentations de Mazzacucco, composée par un certain maître Antoine, médecin de Ferrare, sur la nouvelle de la mort du poëte, faussement répandue en Italie, et qui commence ainsi :

> *Io ho già letto il pianto de' Trojani*
> *El giorno che del buono Ettor fur privi.* »

Cet Antoine avait nom Beccaria.

Il me semble que, fort ami de l'antiquité classique, Pétrarque eût fait immanquablement quelque allusion à l'Iliade si son sonnet eût répondu à ces belles choses, ce qui m'a fait adopter l'opinion émise sur le titre. Voir la note 10.

(TRADUCTRICE, TASSONI et autres.)

SONNET : *Quel vago impallidir che'l dolce riso,*
p. 52.

Cette traduction est notre premier jet. Mal inspirée ensuite par l'*esprit littéral*, nous avons, foulant aux pieds l'instinct, voulu introduire l'expression de *majesté* employée dans l'original, comme on le peut voir dans nos deux premières éditions, ce qui a pu plaire aux lecteurs français d'un goût relevé, mais ce qui, sans dénaturer le sens, fut une bévue cependant, ainsi que nous l'ont expliqué années et années plus tard des littérateurs vénitiens quand je visitai leur cité en 1867. — Le Dante et ceux de son siècle emploient *maestade* pour *force, supériorité,* comme aussi l'adjectif *maggio* ; Pétrarque a encore usé de cette ancienne signification. On nous pardonnera cette erreur, en réfléchissant qu'une vie suffisant à peine pour approfondir Pétrarque, nous nous étions prudemment imposé de ne pas gaspiller notre temps et les forces d'un cerveau féminin à y joindre l'étude du Dante.

(TRADUCTRICE.)

SONNET : *Poi che 'l cammin m'è chiuso di mercede,*
p. 53.

Cette image

que fit, sans consulter Apelle ou Phidias,
Un maître plus habile et d'un plus grand génie.

Alfieri et Biagioli l'entendent, non pas du portrait de Laure fait par Simon, mais des traits gravés par l'Amour dans le cœur du poëte.

Fuirai-je vers le nord ou dans la Numidie ?

Contraint de quitter Vaucluse, on ne sait pourquoi, il attribue le motif qui l'en éloigne à une puissance ennemie et envieuse de sa félicité, de laquelle n'étant pas à l'abri, même dans cette région écartée, il s'écrie : « Quelle Scythie, quelle Numidie me sera un port contre l'Envie, si elle n'est pas rassasiée de mon exil indigne ! »

Alfieri ajoute :

Je suis loin d'*Elle*, et pourtant on m'envie!

(ALFIERI et BIAGIOLI.)

On nous permettra de renvoyer le lecteur à notre commentaire des deux premiers sonnets sur le portrait de Laure particulièrement destiné à Pétrarque par Simon Memmi, et de supposer que si Alfieri n'a pas comme tant d'autres tenu celui-ci pour le troisième sur le même portrait, ce fut parce que, annotant notre auteur plutôt en amant qu'en écrivain (et c'est précisément ce qui donne tant de grâce à ces notes portées fort peu avant), il n'avait probablement jamais confronté les sonnets avec le colloque où figure saint Augustin. — Mais permettons-nous d'ajouter que, comme il arrive continuellement en ce monde, le grand platonisme d'Alfieri, qui ne remarque que le portrait *moral* de l'objet aimé et pense peu à la miniature, prouve tout le contraire de ce qu'on veut y voir. Pétrarque, amant beaucoup plus platonique comme chacun sait que le comte Victor Alfieri, et d'un siècle beaucoup plus abstrait, attachait du prix à une miniature, tandis qu'Alfieri..... Alfieri, quoique garçon, faisait comme les gens mariés, qui sont toujours les plus dégagés de la matière et les plus inexorables quand il s'agit des faiblesses humaines. — Biagioli en toute occasion est d'une sincère pureté d'idées, au point même qu'il a voulu se persuader que Laure était une demoiselle ; son système comme professeur suit ici la même tendance ; sa vie privée de simple grammairien a passé inaperçue. Tassoni concilie les deux opinions, et selon lui l'*image* dans laquelle s'absorbe le poëte est celle qu'il porte sur son cœur peinte par Simon en même temps que celle qu'Amour y a gravée intérieurement.

(Tassoni.)

Sonnet : *L'avara Babilonia ha colmo il sacco,* p. 55.

Nous avons suivi pour le second quatrain la traduction en prose de M. de Gramont, n'ayant pas compris par nous-même le sens.

Peut-être dans le second vers Pétrarque souhaite-t-il à la nouvelle Rome un sort pire que celui de

Constantinople, dont les faubourgs venaient d'être ravagés, en 1337, par le sultan Orkhan. Le sens du quatrième vers de ce quatrain nous échappe entièrement.

Ces superbes tours ennemies du ciel, *al ciel nemiche*, sont les tours du palais des papes : nouvellement construites, elles irritaient un catholique éclairé, un ecclésiastique ; et maintenant, sans parler du beau spectacle qu'elles offrent aux yeux, vues de plusieurs points des environs d'Avignon, mais surtout de l'île de la Barthelasse et des hauteurs de Villeneuve, il semble qu'elles apportent à l'esprit l'impression de souvenirs vénérables. C'est que nous ne sommes plus au temps de Clément VI.

(Traductrice.)

Nous ajouterons à cette note de la première édition de 1847 une réflexion de celles, comme on dit vulgairement en France, *prises sous notre bonnet*, bonnet de dentelle et non de docteur, à savoir que certains vers de ce sonnet devraient dégoûter de torturer le sens des vers de Pétrarque et laisser y supposer quelquefois de l'indétermination ou de l'impénétrabilité de style. Ainsi, lorsqu'il souhaite de voir brûler les tours du palais des papes et assiéger leur résidence, il lui vient sous la plume ce vers :

Sol' una sede ; e questa fia in Baldacco,

lequel pris isolément pourrait s'entendre de son désir de voir le siége de la papauté fixé, et fixé à Rome, mais ne cadre pas avec l'ensemble, ce qui a porté tous les traducteurs à rendre *sede* par *assaut*.

Puis, à rebours, lorsqu'il dit dans le dernier tercet :

Anime belle e di virtute amiche
Terranno il mondo, e poi vedrem lui farsi
Aureo tutto e pien dell'opre antiche.

Ne trouve-t-on pas (si elle n'est une ironie contre la gouverne de ces belles âmes trop pleines de candeur) la prophétie un peu surprenante sous la plume d'un érudit toscan de cette époque, qui devait être un parfait galant homme, mais certes point un ingénu ?

Contentons-nous, sans batailler avec les équivoques, des passages où le vice est blâmé dans ce sonnet, sans spécifier à qui on doit l'attribuer directement ou indirectement, ne fût-ce que par suite de cette considération que cinq siècles peuvent et doivent déplacer toutes les questions.

Sonnet : *In qual parte del ciel, in quale idea*, p. 60.

Les dissertations de Biagioli et d'Alfieri sur ce sonnet ont été données, page 239, à l'occasion du portrait de Laure.

Sonnet : *Amor ed io, sì pien di maraviglia*, p. 61.

Le premier tercet finit ainsi :

. . . . . . .Ovver quand' ella preme
Col suo candido seno un verde cespo.

On a raisonné à perte de vue sur l'interprétation qu'il fallait donner à ces vers. Le Gesualdo a été jusqu'à vouloir que Laure eût à son sein un gros bouquet, un buisson, une botte de fleurs, comme on dirait à présent.

(Le Gesualdo.)

Nous ne donnerons de notre traduction d'autre raison que celle-ci : *cespito, cespo*, gazon, petit buisson, broussailles. *Dictionnaire classique italien-français*, par MM. Morlino et de Roujoux.

A cette note de notre première édition nous ajouterons une observation que nous croyons nouvelle : celle de trois aspects sous lesquels le poëte a pu entrevoir et contempler sa dame à travers ses promenades printanières : assise, étendue et cheminant, série d'images pittoresques qui s'ajoute aux raisons d'interpréter *cespo* par *gazon*.

(Traductrice.)

Sonnet : *Come'l candido piè per l'erba fresca,*
p. 64.

Le dernier tercet offre une contradiction qui rendrait ce sonnet des plus difficiles à traduire si on ne le rangeait parmi ceux sans importance. Le véritable titre en serait : *les quatre rayons* (*faville*). L'appelant les *quatre grâces*, c'est aller, à notre sens, au-devant d'un mot de notre cousin Auguste de Labouisse, poëte languedocien du commencement de ce siècle, mot cité et imité par M. Victor Hugo dans le roman des *Misérables*. Si du reste en voyant quatre jolies femmes ensemble Labouisse s'écria : « Il y en a une de trop! » c'est parce qu'il était courtois dans sa galanterie, car il fut comme poëte surnommé le Parny de l'amour conjugal, chantant aussi une créole et une Éléonore, mais qui était sa femme.

(Traductrice.)

Sonnet : *Pien d'un vago pensier che mi desvia,*
p. 67.

Ce sonnet, mais non encore retouché, figure dans une comédie intitulée : *Deux fantaisies*, qui fait partie de notre *Théâtre sans parterre* publié en trois livraisons sous les initiales S. D. (Paris, Didot, 1859). Cette pièce n'est qu'un cadre pour développer un parallèle entre la galanterie sentimentale et fidèle des treizième et quatorzième siècles et la galanterie aventureuse et turbulente du dix-septième. Pétrarque et la belle Laure y sont l'idéal amoureux d'un blond et jeune noble de notre époque, et le cardinal de Retz et mademoiselle de Chevreuse, l'idéal de sa brune cousine : de là dissertations, citations, notes, etc. Sous le voile de l'anonyme nous nous sommes permis d'y faire allusion à notre propre traduction, la citant par nos autres initiales E. D. M. et la déclarant l'ouvrage d'une femme.

(Traductrice.)

Sonnet : *Mille piagge in un giorno, e mille rivi,*
p. 70.

Voir plus loin le commentaire sur la romance, page 188, traduite du sonnet *Per mezzo i boschi.*

Sonnet : *Almo sol, quella fronde ch' io sola amo,*
p. 73.

Les différences qu'offre cette traduction avec celle donnée de ce notable sonnet dans notre seconde édition, ne sont pas affaire de polissage : sans entrer dans ce système d'interprétation auquel les traducteurs se laissent trop facilement aller, nous avons évité de spécifier dans cette version nouvelle quel était cet *adorno male* jadis vu par Adam. Il semblerait que les commentateurs eussent tous pensé à Ève, et notre première traduction suivait le courant ; mais, réfléchissant sur l'habitude de style de Pétrarque de confondre toujours Laure femme et le laurier arbre, nous avons pensé que la comparaison était établie, s'agissant continuellement ici de laurier plus que de

Laure, entre deux arbres et non entre deux femmes, à savoir entre le laurier et l'arbre de la science du bien et du mal (comme dit l'Écriture), et non entre Laure et Ève, comparaison d'un genre fort relevé entre la poésie et cette funeste science du bien et du mal. Le poëte, assez persécuté, voudrait-il dire qu'il a renoncé au fruit défendu de cette science, peut-être mal à propos confondue dans sa pensée avec la philosophie, pour s'adonner aux travaux poétiques, et que ces travaux, devenus à leur tour quelque chose de remarquable (il gran Lauro), restent obscurcis? *Passa la nave mia colma d'obblio*, dit le sonnet suivant!

Redescendant, comme notre poëte, à parler du séjour où nous nous livrions à son exemple à la culture des rimes et des plantes, nous avons daté cette traduction de la Roche-au-Moine.

La Roche-au-Moine était, comme la Pierre-Bêscherelle (1), Rochefort et autres, un rocher des

---

(1) Notre édition de Florence porte, par une erreur excusable à travers tant de temps et de distance, *Brèche-rouge*, au lieu de Pierre-Bêscherelle, confusion faite avec le nom d'un rocher peu distant de la Loire et assez semblable, mais dans une autre région, qui donne son nom de Roche-rouge à une mélancolique vallée où gronde, avant de se jeter dans la Loire, au pont de Brives, une des petites rivières torrentueuses qui contournent l'antique ville du Puy et ses rochers bien autrement curieux de Corneille, à la cime du Mont-Anis, et d'Aiguille ou de Saint-Michel. — C'est à la netteté de la mémoire d'une mère

bords de la Loire, au-delà de l'embouchure de la Maine. De sa cime ombragée l'on apercevait, dans un de nos plus beaux sites, le paisible ermitage où nous nous adonnions à cette traduction dont la première moitié venait de paraître. Si nous avions mis de côté les annotateurs et toute la partie critique, fatigante pour notre nerf optique trop tendu, cette obstination même dans la partie la plus douce de notre travail, la traduction des sonnets faite poétiquement par monts et par vaux, fut une imprudence chèrement payée, ce que ce sonnet semblerait entrevoir. Ces beaux lieux ont dû être bouleversés et, pour ainsi dire, détruits par les travaux du chemin de fer. (TRADUCTRICE.)

SONNET : *Stiamo, Amor, a veder la gloria nostra,* page 75.

Cet habit de choix, *l'abito eletto*, dont parle le sixième vers, prit d'abord sous notre plume une forme plus précise. Vois, disions-nous,

« Vois quel art a formé ces plis harmonieux,
« Réuni sur ce sein les perles et la moire. »

octogénaire, compagne de ma solitude en Anjou, que j'ai dû cette rectification.

Mais quelques années de plus et Biagioli nous ont fait penser que Pétrarque voulait parler de *la bella vesta delle terrene membra* et de l'art divin par lequel elle est dorée, emperlée, empourprée : *quant'arte dora e'mperla e'nnostra,* ce que nous avons rimé de notre mieux.

(BIAGIOLI et TRADUCTRICE.)

Voir le commentaire sur le nom de famille de la belle Laure, page 234.

SONNET : *Pasco la mente d'un sì nobil cibo*, p. 76.

Nous avons laissé ici de côté notre rôle de traductrice (bien que notre version de ce sonnet soit des plus exactes) pour chanter la louange de notre auteur avec lequel un continuel tête-à-tête nous faisait perdre la mémoire de tout autre écrivain, comme la solitude celle du monde, de plus que le monde...; et le court espace où apparaissent tant de belles choses (*in men d'un palmo appare*) est devenu pour nous la petite édition où nous avions dès notre adolescence balbutié l'italien en même temps que des vers souvent incompréhensibles aux Toscans eux-mêmes.

Puis nous avons cherché si Pétrarque (ce qu'il a dû faire quelquefois dans des circonstances politiques, mais pas toujours et même pas souvent) n'avait pas pris prétexte de sa dame pour louer les merveilles de quelque Université, livres, orateurs, systèmes, ou écrit ce sonnet sur les marges d'un manuscrit qu'on peut supposer orné de miniatures. Nous sommes si peu habituées aux louanges, nous dames françaises de ce siècle, qu'elles nous donnent à penser lorsqu'elles sont si excessives.

(Traductrice.)

Sonnet : *L'aura gentil che rasserena i poggi,* p. 77.

Il est à regretter que nous ayons dû traduire par *monter* le verbe *poggiare* qui dans l'original fournit la rime à *poggi*, substantif fort nécessaire pour exprimer les coteaux abruptes et coniques, et que nous avons laissé éliminer du français par cet inqualifiable besoin de monotonie qui caractérise la tendance actuelle, ne le retrouvant que dans le nom de la ville citée ci-dessus en note et dans d'autres noms de lieux ou de famille ; peut-être la même tendance, y ajoutant celle également déplorable de se modifier sur les idiomes du nord, fera-t-elle disparaître bientôt, comme *puy* du français, *poggio* avec *poggiare* de l'italien, ce qui sera d'autant plus déplorable que ceux qui le parlent n'auront pas comme nous la noble ressource d'y suppléer par *pain de sucre,* vu qu'en Italie le sucre ne se façonne pas en pains.

(Traductrice.)

Sonnet : *O bella man che mi distringi'l core,* p. 79.

La plupart des traducteurs ont rendu le dernier vers : *Pur questo è furto, e vien ch'i me ne spoglie,* par : « Mais c'est un vol, on vient m'en dépouiller, » comme s'il y eût eu : *E vien chi me ne spoglie.*

Le sens correspondrait ainsi avec l'ensemble du sujet, et cette image de Laure qui s'avancerait pour ravoir son gant serait gracieuse ; mais d'une part cela n'est pas exact ; et de l'autre, puisque le poëte s'adresse à la main, il parle donc déjà à Laure, il rend donc déjà le gant.

Biagioli dit expressément : « C'est comme s'il y avait : il convient que je m'en dépouille. »

(Biagioli et Traductrice.)

SONNET : *Non pur quell' una bella ignuda mano,*
p. 80.

Des yeux forts et sereins comme on en prête aux anges.

Pétrarque, dans le portrait qu'il fait de Laure en racontant sa propre vie, dit : « J'aimai une femme dont la pensée, ignorante des soins terrestres, brûlait de célestes désirs ; sur le visage de laquelle, s'il y a encore quelque vérité en ce monde, reluisaient les rayons de la divine beauté ; dont les mœurs étaient un modèle d'humilité parfaite, et de laquelle ni la voix, ni *la force des yeux,* ni l'attitude, n'annonçaient un objet mortel. »

(PÉTRARQUE.)

Ce sonnet est suivi dans nos précédentes éditions de la traduction du troisième et dernier de ce groupe où plus à loisir est déplorée la restitution du gant. Voir page 340.

(TRADUCTRICE.)

SONNET : *Rapido fiume che d'alpestra vena*, p. 83.

Ce sonnet fait suite aux deux sonnets sur son voyage dans la forêt des Ardennes et son arrivée en vue du Rhône qu'il interpelle ainsi dans le troisième :

> *Rapido fiume che d'alpestra vena*
> *Rodendo intorno, onde'l tuo nome prendi...*

« Fleuve rapide qui d'une naissance alpestre, rongeant tout autour, d'où tu prends ton nom... descends... »

Ce nom de *Rodano* se compose de deux syllabes celtiques : la première, *rho*, a un sens augmentatif ; la seconde, *dan*, veut dire rapide ou prompt. Il a plu à Pétrarque de suivre l'opinion vulgaire qui veut que ce nom lui vienne de son action de ronger par où il passe.

(BIAGIOLI.)

Tassoni veut que ce nom tire son origine de Rode, lieu de la source du fleuve, ce qui nous paraîtrait voir les choses à rebours.

(TASSONI et TRADUCTRICE.)

Sonnet : *Beato in sogno e di languir contento*,
page 85.

Ainsi qu'un chien boiteux à la chasse trop lent,
Une biche légère à sa suite me mène.

Le texte dit : « Et je chasse une biche errante et fugitive avec un bœuf boiteux, infirme et lent. » Cette image nous a arrêtée, et nous l'avons remplacée par celle d'un simple chien de chasse.

(Traductrice.)

Sonnet : *Grazie ch'a pochi'l ciel largo destina*,
page 86.

Ronsard a traduit, ou plutôt imité ce sonnet, car il l'a singulièrement matérialisé.
Le dernier vers :

Voilà les doux sorciers qui seuls m'ont transformé,

fait assez comprendre qu'il fut composé par Pétrarque en réponse à quelque plaisanterie : peut-être les anciens compagnons de ses amusements lui reprochaient-ils sa vie retirée ; peut-être même les femmes qu'il avait courtisées lui demandaient-elles compte de sa rêverie.

(TRADUCTRICE, première édition.)

Il est difficile à la lecture de morceaux composés à travers une si longue série d'années, épars sans titres, puis rassemblés par d'autres que par leur auteur, de faire dans les plaisanteries la part de ce qui appartient au poëte ou à ses interlocuteurs. L'esprit de parti a souvent donné à Pétrarque des ennemis pour éditeurs, et certains sonnets dans lesquels on pourrait critiquer quelque fâcheuse équivoque me semblent n'être que des réponses aux plaisanteries d'autrui. On comprend mieux ces difficultés, tournées par le poëte, lorsqu'on connaît les usages italiens en fait d'exercices poétiques usités aujourd'hui comme au quatorzième siècle. Un grand nombre de sonnets de Pétrarque ont dû être des réponses sur les mêmes rimes (*per le rime*) à des sonnets à lui adressés par lettres ou improvisés par défi dans les réunions. Quelquefois on prescrit les premiers mots des vers ou ce qu'on appelle des *intercalaires*.

L'habileté des poëtes en ces occasions est de se tirer de leur mieux des pas glissants. Comment se rendre compte dans un *Canzoniere* lu après cinq siècles de telles difficultés? Comment deviner de telles excuses dans d'autres sonnets à des jeux de mots qui choquent et qui peut-être sont employés d'une façon dédaigneuse ou contiennent un blâme indirect?

(TRADUCTRICE, deuxième édition.)

SONNET : *Il cantar novo e 'l pianger degli augelli,*
page 88.

Quella ch'ha neve il volto, or i capelli.

C'est-à-dire, celle qui a le visage blanc comme la neige et les cheveux blonds comme l'or. La première comparaison est relative à la couleur de l'Aurore naissante, qu'on nomme *Aube*, de sa blancheur ; la seconde à la couleur dorée qu'elle prend ensuite ; de là son nom d'*Aurore*.

Celle dont le front blanc sous l'or de ses bandeaux.

On demande grâce pour cette expression toute moderne de *bandeaux*, car il ne s'agit ici, comme on le voit, ni de bandelettes, ni de diadème, mais bien de cheveux dorés mis en bandeaux. Du reste, ce mot a de la grâce et de la noblesse par lui-même et peut vivre comme *anneaux, tresses,* etc. Le mot *crépé*, qui paraît bien plus technique en fait de coiffure, est très-souvent dans Pétrarque ; Ronsard a essayé sans succès de le faire passer dans notre langue poétique. Nous l'avons risqué dans la traduction du sonnet CCLI.

Si l'on voulait encore renchérir sur Biagioli et trouver des raisons à tout, on pourrait dire que ces bandeaux rendent assez bien ces longues traînées horizontales qui se détachent en teintes brillantes sur le blanc mat du point du jour ; comme aussi ce vers,

Ne revêtit jamais d'apparences menteuses,

se rapporterait au second état de l'Aurore : une rougeur aimable ; telle la décrit Pétrarque dans le sonnet CCL où il la fait descendre du ciel,

Portant au front la rose et dans ses cheveux l'or;

mais ce seraient tout à fait des intentions après coup.

Me ranime aux doux bruit des danses amoureuses.

« Cette expression de *danses amoureuses* comprend, dit Biagioli, toute cette gaieté de la nature, ces chants des oiseaux, ce murmure des ondes, ce frémissement des feuillages, ces jeux du zéphyr, toute chose enfin. »

Faisant à son vieillard ses adieux matinaux.

Il y a dans l'original: Peignant à son vieux les poils blancs. Il est à croire que la nécessité de la rime a amené une pareille image, ou pour mieux dire une telle expression. Le *testonnant*, déjà suranné au temps de la Fontaine, aurait ici trouvé sa place. Peut-être encore Pétrarque a-t-il voulu peindre les soins que réclamait Tithon retourné à l'enfance à force de vieillesse et qu'on finit par emmaillotter; peut-être ces *bianchi velli,* que rend mal notre langue, nous reportent-ils, peignés par les doigts de rose de l'Aurore, à ces flocons de nuages ou de vapeurs, indiqués ci-dessus dans leur premier aspect.

La fin de ce sonnet paraît avoir donné l'idée du fameux sonnet de la Belle Matineuse.

(BIAGIOLI et TRADUCTRICE.)

SONNET: *Onde tolse, Amor, l'oro e di qual vena,*
page 89.

Le dernier vers du texte est :

Qui me cuisent le cœur dans la glace et le feu.

Sonnet : *Liete e pensose, accompagnate e sole,* p. 91.

A l'occasion de ce sonnet et de celui *L'aura serena*, omis cette fois, nous avons déjà reproduit les réflexions des annotateurs qui savent y voir clairement ce que toute femme mariée sachant l'italien verra plus clairement ailleurs, à savoir que Laure n'était ni demoiselle ni veuve, et en tirent la conclusion d'un peu de jalousie maritale. Ajoutons, ce qu'ils relèvent aussi, que le huitième vers est imité de celui d'Horace : *Invidus alterius rebus macrescit opimis.*

Sonnet : *Quando'l sol bagna in mar l'aurato carro*, page 92.

Mes peines, mes douleurs, hélas, l'une après l'une !

On a beaucoup reproché à l'école romantique cette formule (il me semble que Lamartine lui-même l'a employée en parlant des vagues, baignant le rivage l'une après l'une), et l'on n'a pas réfléchi qu'elle n'est que la simple reproduction de l'expression si usitée de *une à une*, accommodée de façon à éviter l'hiatus, peu de poëtes se permettant de l'admettre sous le prétexte d'un idiotisme. Victor Hugo cependant a introduit cette formule dans la prose, et il paraîtrait que dans son roman, paru vers 1830, du *Dernier Jour d'un condamné*, il met dans la bouche de ce condamné bigame une longue dissertation pour prouver qu'il est injuste, parlant de ses deux épouses, de dire l'une et l'autre, et qu'il peut et doit dire l'une et l'une.

SONNET : *Dodici donne onestamente lasse*,
page 94.

Les uns veulent que ce sonnet raconte une simple promenade, les autres qu'il soit en honneur de quelque fête de la cour d'Amour qui, selon certains mémoires, existait à Avignon au temps de Clément VI et dont Laure était, elle treizième, présidente. Voici pour les amateurs de noms gracieux, nobles et sonores la liste de ces douze dames :

Brianda d'Agulto, comtesse della Luna ; Huguette de Forcalquier ; Amable de Villeneuve ; Béatrix, dame de Sault ; Isverde de Roquefeuille ; Anna, vicomtesse di Laliardo ; Bianca di Flassano ; Dolce di Mantiero ; Antoinette de Cadenet ; Madeleine de Salon; Rifende de Puyvert et Phanette de Sade, tante de Laure.

(Annotations d'une édition de Baudry.)

Nous regrettons que les exigences de la rime nous aient amenée à remplacer par l'expression de *doucement entraînées* celle de *doucement accablées,* qui eût été plus exacte et plus neuve. La première se rapporte à l'image des douze astres autour d'un soleil, l'autre à l'attitude de ces dames dans le bateau. Automédon, comme chacun sait, était le conducteur du char d'Achille ; Tiphys, nommé dans le texte, était le nocher des Argonautes.

(Traductrice.)

Sonnet : *Amor con la man destra il lato manco,*
page 95.

La rime *gauche* figurant avec *pioche* , etc., ne satisfera sans doute pas nos lecteurs parisiens : nous nous permettrons de faire observer que, dans un bon tiers de la France, où l'accent est à la fois meilleur et plus français qu'à Paris ou que dans l'Ile-de-France, on ne met point de double accent circonflexe sur *gauche* et *fauche*, et que ces rimes par suite sont plus qu'admissibles.

Sonnet : *Vincitore Alessandro l'ira vinse,* p. 96.

Le sonnet original a le défaut de commencer par une équivoque qu'il nous eût été facile de reproduire en disant :

Alexandre vainqueur la colère vainquit,

mais nous n'y avons pas entendu finesse.

Nos lecteurs savent surabondamment par l'étude des classiques ce qui concerne Ajax et Tydée, père de Diomède et fratricide en Ménalippe ; mais si l'histoire leur est présente en ce qui concerne Philippe et Sylla, ils trouveront peut-être commode de ne pas ouvrir leur dictionnaire pour y rapprendre que Valentinien Ier, empereur d'Orient et d'Occident, sujet à de violentes colères, se brisa un vaisseau dans la poitrine en discutant avec les ambassadeurs des Quades et mourut immédiatement (375).

(*Dictionnaire de Bouillet.*)

SONNET : *Real natura, angelico intelletto,* p. 97.

Le roi de Naples Robert (d'autres disent un des comtes d'Anjou) demanda dans une fête qu'on donnait en son honneur, à Avignon, d'embrasser une dame, et choisit Laure.

L'altre maggior di tempo o di fortuna.

C'est-à-dire : les autres supérieures d'âge ou de fortune ; on a mis de *naissance* ou de fortune, afin de rendre le choix du prince plus flatteur pour Laure, car, vraiment, choisir une femme pour un pareil honneur, de préférence aux plus âgées..... Du reste, il est à croire que cette marque éclatante de distinction, à l'époque déjà avancée où ce sonnet nous place, était accordée à la renommée de Pétrarque, au désir de lui être agréable et à la célébrité qu'il avait donnée à Laure, plutôt qu'aux grâces de madame de Sade.

Il baisa son beau front et fit rougir chacune.

Et réjouit chacune eût été une traduction plus exacte, mais cela n'eût exprimé qu'un seul sentiment : la rougeur convient au plaisir, à la surprise, au dépit.

Les notes de notre *Théâtre sans parterre* contiennent parmi les dissertations qui accompagnent la comédie : *Deux fantaisies* (voir plus haut) une anecdote de cour assez curieuse où l'on voit Napoléon premier se départir de son habituelle rudesse envers les dames pour honorer, dans un grand bal des Tuileries, à l'exemple du prince ici mis en scène, non plus Pétrarque en la belle Laure, mais la poésie provençale en la personne de la jolie madame Esménard, femme d'un traducteur de notre poëte dont le recueil, fort limité, offre une versification facile et élégante.

Sonnet : *Fresco, ombroso, fiorito e verde colle,*
page 99.

Ce sonnet dont je n'ai pu rendre la gracieuse et sautillante allure, et qui dans sa bizarrerie plaît beaucoup aux Italiens, fait suite à un autre sur le même thème donné dans nos deux premières éditions : *Mira quel colle*.

Sonnets : *Qual paura ho quando mi torna a mente,* p. 101, et *O misera ed orribil visione,* p. 102.

Dans cette portion du Canzoniere écrite en Italie après la dernière séparation mentionnée dans le sonnet funèbre intitulé l'*Adieu des derniers regards*, une école toute récente a cherché à établir que quelques sonnets pouvaient avoir été écrits, non en vue de la belle Laure, mais en vue de quelqu'un des protecteurs de Pétrarque, la peste noire, la plus célèbre des épidémies, sévissant alors et alarmant tous les cœurs pour toutes les existences précieuses.

Si les détails féminins qu'on remarque dans le premier de ces deux sonnets, si la tendre mélancolie dont il est tout empreint et qui passe dans l'âme du lecteur rendent plus qu'évident qu'il y est question de madame de Sade, le second, mieux que celui : *Chi vuol veder quantunque può natura,* qu'on a prétendu avoir été fait pour un illustre malade, à savoir le roi Robert, et sur lequel nous avons disserté dans notre seconde édition, pourrait être appliqué au cardinal Colonna et notre traduction également, en en modifiant le dernier vers comme aux variantes et disant : *Vous montiez* au lieu de : *Elle monte.*

Il semblerait que Pétrarque lui-même, si tant est qu'il ait pensé dans ce sonnet au cardinal Jean, eût voulu tenir les esprits dans le doute en employant l'expression féminine d'*alma luce* pour faire suivre le féminin dans toute la composition.

Nous devons avertir que le huitième vers de celui page 101 :

Avant de le sentir on redoute le vent,

a été modelé sur une leçon peu usitée dans les éditions de Pétrarque :

Come chi teme ed alito non sente,

choisie dans l'inextricable et bien-aimée petite édition où nous fîmes la connaissance de notre poëte. On trouve dans les plus répandues :

Come chi teme ed altro mal non sente.

SONNET : *O dolci sguardi, o parolette accorte,*
page 103.

Loin de critiquer comme tant d'annotateurs la façon dont furent coordonnés les sonnets de cette portion du *canzoniere* qui répond à la dernière absence de Pétrarque du vivant de sa Dame, nous regardons comme parfaitement dans la nature humaine ce retour à de juvéniles et amoureuses pensées, alternant avec les angoisses exprimées dans le sonnet :

Solea lontana in sonno consolarme.

Les vers des tercets

.......Se talor de' begli occhi soavi......
Forse mi vien qualche dolcezza onesta......
......Or fa cavalli, or navi
Fortuna, ecc.

Ces vers vont d'accord avec le sonnet susmentionné : *l'Adieu des derniers regards,* p. 142.

Les sonnets de passion au nombre de six colloqués à la fin de cette première partie ont-ils d'ailleurs tous été écrits pour madame Laure? Pétrarque dans plusieurs sonnets du commencement tels que: *Quando giugne* ou *Io canterei d'amor,* n'y avait-il pas rimé, non sur ses sentiments personnels, mais à l'occasion des innocentes indiscrétions d'amoureux couples comme aussi dans le sonnet : *Quando 'l pianeta ?* et n'est-ce pas pour un semblable motif qu'on a colloqué plusieurs de ces derniers sonnets comme douteux dans leur place pour ainsi dire en dehors du recueil, ce que de récents éditeurs ont la malencontreuse idée d'imiter pour tous les sonnets qui n'ont pas trait à l'amour du poëte pour la belle Laure, leur assignant même une numération à part, ce qui peut avoir de graves inconvénients et dérouter sur la série chronologique de tout l'ensemble?

(TRADUCTRICE.)

SONNET : *Signor mio caro ogni pensier mi tira,*
page 108.

Le second tercet dit ainsi :

Un lauro verde, una gentil colonna,
Quindici l'una e l'altro diciott' anni
Portato ho in seno e giammai non mi scinsi.

Nous avons adouci l'image pour ne pas mériter ce reproche d'un épilogueur célèbre :

« La métaphore de porter dans son sein nombreuses années un laurier et une colonne sans défaire sa ceinture n'est pas des plus réjouissantes. »

(TASSONI.)

Nous avons aussi glissé sur les chiffres pour ne pas attirer sur notre recueil un reproche fait par d'autres annotateurs à la classification classique et respectable du *canzoniere* qui termine par ce sonnet, à cause de sa double dédicace, la portion appelée *in vita* (du vivant) *di Madonna Laura,* c'est-à-dire le reproche de mentionner dix-huit ans d'amour en même temps que quinze de dévouement lorsqu'il a précédemment célébré le vingtième anniversaire de sa passion pour la belle Laure.

(Traductrice.)

Sonnet : *Oimè il bel viso! oimè il soave sguardo!*
p. 111.

Le titre que nous avons mis avec quelque développement à ce sonnet doit suffire comme interprétation. Qu'on nous permette cependant d'ajouter que nous pensons avoir la première trouvé ainsi la solution des grandes difficultés offertes par un sonnet que les amateurs superficiels mettent au premier rang, pour l'avoir rencontré le premier de cette série peut-être, mais qui embarrassait un lecteur attentif, certaines expressions ne pouvant convenir à Madame Laure ni certaines autres au cardinal Colonna. La simple confrontation avec le sonnet suivant, où les doubles regrets sont également confondus, nous a surtout donné la clef de cette épineuse confusion.

(Traductrice.)

Sonnet : *Rotta è l'alta Colonna e 'l verde Lauro*, page 112.

Notre versification a imité une allitération favorite de notre auteur en faisant résonner la syllabe *aure, or* du nom de sa dame, fort accentuée dans le sonnet original. (Traductrice.)

Sonnet : *La vita fugge e non s'arresta un' ora*, page 113.

« Dans le second tercet *fortuna* est mis pour tempête et *soglio* pour *soleva.* »

(Soave.)

Donnons la traduction littérale pour avoir occasion de remarquer que ce présent du verbe *solere*

que nous avons laissé perdre en français au lieu d'en savoir embellir la gothique traduction *souloir*, que, dis-je, ce présent *soglio* au lieu du passé est une des plus délicates et en même temps naïves et véridiques expressions de la douleur du poëte.
« ..... Les beaux yeux que j'ai coutume de contempler sont éteints. »

Notre première édition avait livré à la lecture une traduction fort hâtée, mais peut-être plus sentie, de ce sonnet familier et mélancolique, et le gallicisme de *fortune*, employé dans notre sens, actuellement renvoyé aux variantes, était peut-être dans le vrai si l'on considère la suite de l'existence du poëte et non les premiers moments de la perte de son protecteur coïncidant avec celle de sa dame :

.... La fortune à mon nocher lassé
Sourit du port quand mon mât est cassé,

exprimant que les dignités et les honneurs lui sont désormais indifférents et qu'il n'a plus la force ni le courage de retourner vers eux, son mât étant cassé, sa lumière éteinte.

En effet, recherché du monde et des grands, il sut toujours se créer une retraite, recourut souvent à celle des champs, et finit par se choisir une solitude à Arqua, comme jadis à Vaucluse.

Voici un aperçu de sa vie depuis son couronnement à Rome.

« ...En même temps le roi de Naples, Robert,
« plein d'admiration pour son génie, lui donnait
« le titre de son aumônier ordinaire ; le souve-
« rain de Parme le fixait auprès de sa personne
« avec le titre d'archidiacre de l'église de Parme. A
« partir de cette époque, Pétrarque fut honoré de
« diverses missions politiques : c'est ainsi qu'il fut
« chargé par les Romains d'aller à Avignon presser
« le pape Clément VI de rétablir le saint-siége à
« Rome (1342); par Clément VI lui-même de faire
« valoir les droits du saint-siége à la régence de
« Naples ; par Louis de Gonzague, seigneur de
« Mantoue, d'intercéder auprès de l'empereur Char-
« les IV, pour qu'il rendît la paix à l'Italie ; par les
« Visconti, seigneurs de Milan, de réconcilier Gê-
« nes et Venise ; puis d'aller en France féliciter sur
« sa délivrance le roi Jean II. Ce prince tenta vai-
« nement de le retenir auprès de lui. Vers le même
« temps Florence le réintégrait dans le droit de
« cité qu'avait perdu son père (1) et lui offrait la
« direction de son université; mais il refusa cette
« honorable mission. Au milieu de ses succès, Pé-

(1) Comme gibelin.

« trarque avait appris la mort de Laure, enlevée
« par la peste de 1348. Cette perte cruelle lui ins-
« pira de nouveaux chefs-d'œuvre. Après avoir
« longtemps vécu à la cour des princes, qui le re-
« cherchaient à l'envi, Pétrarque voulut passer ses
« dernières années dans la retraite. Il se fixa à
« Venise et fit don à cette ville de sa bibliothèque
« (1362). Il fut, en reconnaissance, logé dans un
« palais aux frais de la république. Il mourut en
« 1374 à Arqua, bourg voisin de Padoue. Les ou-
« vrages les plus célèbres de Pétrarque sont ses
« poésies italiennes, qui se composent principale-
« ment de *sonnets,* de *canzoni* ou odes, de *rime*
« *terze*... Il a aussi laissé des *lettres*, des *poésies*
« *latines*, parmi lesquelles on remarque des *églo-*
« *gues* et le poëme épique de l'*Africa* (où il chante
« les deux guerres puniques) et des *Traités de phi-*
« *losophie morale* qui mériteraient d'être lus (entre
« autres : *De remediis utriusque fortunæ, De igno-*
« *rantia sui ipsius et multorum,* contre Aristote).
« Pétrarque était en outre un ami ardent de la lit-
« térature ancienne ; il prit toutes sortes de peines
« pour rassembler et conserver des manuscrits ; on
« lui doit la découverte des *Institutions oratoires,*
« de Quintilien, d'une partie des *lettres* et des *dis-*
« *cours* de Cicéron ; il possédait plusieurs manus-

« crits précieux qui se sont perdus (1). L'édition
« la plus complète des *OEuvres de Pétrarque* est
« celle de Bâle, 1518, in-fol. Ses poésies ont été
« très-souvent imprimées à part. Parmi les éditions
« récentes, les plus estimées sont celles d'Antoine
« Marsand, Padoue, 1819-1820; de Rome, 1821,
« avec les remarques de Tassoni, Muzio, Muratori ;
« et celle de Biagioli avec commentaires, Paris,
« 1822, 2 vol. in-8°. M. de Gramont et M. A. de
« Montesquiou ont traduit les sonnets, 1842 (2).
« L'abbé de Sade a laissé des *Mémoires* sur Pétrar-
« que, 1767, 3 vol. in-4°. »

(*Dictionnaire de Bouillet.*)

SONNET : *Soleasi nel mio cor star bella e viva*, p. 124.

Nous avons coloré d'une façon un peu maritime l'image du second tercet, y introduisant une espèce d'opposition avec l'image rurale du premier. Ce

---

(1) Il fit de sa propre main des copies inestimables d'ouvrages anciens.

(2) La traduction de M. de Gramont est en prose, celle de M. Anatole de Montesquiou en vers : l'une et l'autre embrassent tout le *canzoniere* (à l'exception peut-être des Triomphes). Nous croyons pouvoir avancer que la traduction de M. de Montesquiou, brillante et d'un ton élégant, n'a point saisi la teinte du quatorzième siècle.

fanal, ces rocs, cette Mort qui devient un pirate, nous furent inspirés par les parages que nous habitons et que Pétrarque a décrits dans le sonnet LIII. L'original ne parle que d'une pierre ou rocher qui pourrait donner suite au contraire à la première figure et se confondre dans sa pensée avec le rocher de Vaucluse ou la pierre du sépulcre de sa dame. (Traductrice.)

Sonnet : *Quanta invidia ti porto, avara terra,* page 127.

Faut-il entendre de ce vers :

E per altrui si rado si disserra!

« Et pour autrui si rarement se desserre! » ou dans le vers équivalent :

.... ces lieux qui pour nous, hélas! ne s'ouvrent guère!

que le nombre des élus est petit, que le ciel s'ouvre rarement, ou bien que Laure et les élus reviennent rarement se montrer aux mortels? Tassoni donne la première interprétation ; notre traduction irait plutôt à la seconde.

(Tassoni et Traductrice.)

Sonnet : *Levommi il mio pensier in parte ov'era*,
page 129.

Parmi les bien-aimants, c'est-à-dire dans le troisième cercle ou ciel, celui de Vénus où prennent place les âmes des dignes amants, selon le système développé dans le sonnet : *Quest'anima gentil.*

> Viens, ici je t'attends, et, par toi trop vanté,
> Sur la terre là-bas mon beau voile est resté.

Aux variantes on lit comme dans la première édition :

> Viens, ici je t'attends, et, par toi trop vanté,
> Sur la terre là-bas mon beau voile resté.

L'une et l'autre de ces versions esquivent plus qu'elles ne résolvent les difficultés de l'original, ce qui ne vaudrait pas la peine d'être remarqué si ce sonnet n'était aussi célèbre. Pétrarque y fait dire à l'ombre de Laure :

> *Te solo aspetto, e quel che tanto amasti,*
> *E laggiuso è rimaso il mio bel velo.*

Le sens adopté généralement est celui de notre variante : « Je t'attends et j'attends ce beau voile resté là-bas et que tu aimais tant. » C'est-à-dire le corps de Laure. Dante parle dans son *Paradis* de ce désir des bienheureux pour leurs corps, et c'est un sentiment adopté dans l'enseignement religieux que le bonheur des élus ne sera parfait qu'après la résurrection de la chair ; mais notre opinion personnelle est que le sens de ce passage est celui-ci : « Je t'attends, toi seul, et *celui* que tu aimais tant ; et mon beau voile est resté là-bas. » *Quel* ou *celui* se rapporterait à une personne inconnue chère à Laure et à Pétrarque.

(Traductrice.)

Sonnet : *Amor, che meco al buon tempo ti stava*, page 130.

Ce sonnet est un de ceux qui s'étendent davantage sur le séjour du poëte. Le septième vers est fort célèbre en italien et nous l'avons imité passablement ; nous avons dit ailleurs que ce site était autrefois couronné de bois, et que si l'on n'y voyait plus de chênes-verts et d'ifs dans sa partie montueuse, l'œil sur les pentes qui précèdent s'y repose probablement encore comme à l'époque où nous le visitâmes sur d'opulentes prairies entrecoupées d'utiles et verdoyants mûriers. Le fleuve (c'est de la Sorgue qu'il est question) est incomparable pour la limpidité et la couleur éclatante de ses eaux.

La petite rivière de la Sorgue prend naissance de la merveilleuse fontaine de Vaucluse, et se jette dans le Rhône sous les remparts d'Avignon, après avoir traversé cette ville. On montrait encore dans la première moitié de ce siècle, sur la rive gauche de la Sorgue, plus bas que la cascade qu'elle forme en été et que les ruines du château des évêques de Cavaillon, un jardin aplani et carré attenant à une modeste habitation, comme étant le jardin de Pétrarque. Un mince ruisseau, se jetant à angle droit dans le célèbre cours d'eau, lui formait une seconde limite aquatique aussi fertile en anguilles, amies de la vase, que la Sorgue aux flots clairs en truites saumonées, les unes et les autres des plus grosses, comme les écrevisses de Vaucluse, et le lecteur attentif de Pétrarque pouvait se reporter, pour vérifier l'exactitude des renseignements, à ces engins qu'il raconte avoir tendus aux habitants des ondes, peu remarqués en général des poëtes, mais tels en ces lieux qu'ils forcent l'attention de quiconque et qu'ils figurent même dans ses sonnets, comme on le voit ici et page 128.

Au centre de ce jardin était un laurier, non plus, hélas! en arbre, mais en un faisceau formé des rejetons d'une souche antique... raison de plus pour accepter la tradition qui en fait le laurier dont parlent tant de poésies de notre auteur.

(TRADUCTRICE, *seconde édition*.)

Cette même année, et pendant que s'impriment ces notes, nous visitons de nouveau ces lieux, nous y rêvant un ermitage et formant pour eux des vœux et des songes plus dignes d'intéresser les Français et les Toscans..... La maison, le jardin de Pétrarque subsistent encore; le laurier a, de ses rejetons, formé une double et robuste tige.

Aidée par une version en prose que nous improvise en promenant un des plus fervents zélateurs des gloires du Comtat et des beaux-arts en général, nous traduisons à Vaucluse ces vers latins de Pétrarque, si beaux et si touchants, sur ce site déjà célèbre avant lui :

Valle locus clausa toto mihi nullus in orbe
Gratior, aut studiis aptior ora meis;
Valle puer clausa fueram; juvenemque reversum
Fovit in aprico Vallis amœna sinu;
Valle vir in clausa meliores dulciter annos
Exegi, et vitæ candida fila meæ;
Valle senex clausa supremum ducere tempus,
Et clausa cupio, te duce, valle mori.

Voici cette traduction pour laquelle nous demandons grâce, ainsi que pour le texte fourni dans les brèves pauses de divers voyages par des éditions assez incorrectes :

Nul lieu plus que Vaucluse aux douces solitudes
Ne sut plaire à mes yeux tandis qu'au loin j'errais;
Nul n'inspira si bien mes vers; à mes études
Aucun n'offrit ailleurs plus de calme et de paix.
Mon enfance y grandit; mon cœur de vive flamme
Jeune homme, s'allumait en ce site abrité;
Lorsque d'un fil plus blanc Clotho filait ma trame,
Son fuseau dans Vaucluse était alimenté.
Vieillard, mon dernier vœu, car toujours on désire,
Est d'y passer encor mes suprêmes instants,
Et que l'étroit sentier où son onde soupire
De ce bord me conduise aux limites du temps.

(TRADUCTRICE, *Vaucluse*, septembre 1869.)

SONNET : *Anima bella, da quel nodo sciolta,* p. 131.

On s'accorde fort peu sur le sens du dernier tercet ; ce qu'il y a de certain, c'est qu'il est question de personnes qui déplaisaient à Laure et que Pétrarque qualifie des *siens*.

S'agit-il de Vaucluse, qu'on sait qu'elle n'aimait

pas, et de ses parents ? S'agit-il d'Avignon et de ses concitoyens, qu'elle avait, ainsi que Pétrarque, en aversion ? (BIAGIOLI.)

Ces circonstances de *lieu où fut ta demeure, de lieu où naquit notre amour,* peuvent s'appliquer aux deux endroits, car, ainsi qu'on l'a vu, Laure habitait Vaucluse l'été et Avignon l'hiver, et, si la première entrevue fut dans cette ville, la rencontre la plus frappante et toutes les circonstances qui fortifièrent cet amour naissant eurent Vaucluse pour théâtre.

Nous avons donc dû donner les deux versions; mais, dans toutes deux, nous avons adopté ce sens, que c'est Laure qui exige que Pétrarque abandonne soit Avignon, soit Vaucluse, et non pas lui qui veut qu'elle cesse de regarder ces lieux afin de ne pas voir les siens en l'y cherchant, comme l'ont dit la plupart des commentateurs déjà suivis.

(TRADUCTRICE.)

SONNET : *Quella per cui con Sorga ho cangiato Arno,*
page 133.

Non-seulement ce sonnet donne une grande importance à l'amour de Pétrarque pour la belle Laure, en indiquant (et plus explicitement dans l'original) que, s'il accepta le patronage des Colonna à Avignon, ce fut surtout pour se fixer près d'elle ; mais en nommant la Sorgue plutôt que le Rhône, auquel on ne contestera pas d'être fort admissible en poésie, cela prouve au-delà de l'évidence que sa retraite à Vaucluse, coïncidant avec l'époque où le cardinal Colonna dut pactiser avec ses adversaires anti-italiens de la cour pontificale, ne le mettait nullement dans le cas de ne plus voir sa dame, habitante comme lui de ce gracieux et plus abrité rivage.

Le sens, différent en un point, donné par certains annotateurs au second vers, confirme le séjour de Laure sur les bords de la Sorgue en supposant que Pétrarque au contraire changea en pauvreté sa richesse esclave en venant pour elle y habiter. Telle que nous la comprenons, cette antithèse se rapporte dans les souvenirs du poëte à l'ensemble de son existence, se joignant à la préférence donnée à la Sorgue sur le fleuve natal de l'Arno et à l'époque où il se fixa dans le comtat, non à celle de son départ d'Avignon pour Vaucluse.

(TRADUCTRICE.)

Sonnet : *Zefiro torna, e 'l bel tempo rimena*, p. 153.

La fille de Jupiter, dont il est question dans le texte, est Vénus, déesse des amours, et par conséquent du printemps.

Mon cœur retourne aux soupirs douloureux,

Parce que cette saison lui rappelle la mort de Laure.
(Biagioli.)

Sonnet : *Ne per sereno ciel ir vaghe stelle*, p. 136.

Nous croyons avoir bien intitulé ce sonnet, mais l'avoir mal traduit : comme il est de notre première jeunesse, nous le laissons tel quel pour ne pas le vieillir. Les images de choses surprenantes et même plus que déconcertantes sont selon notre façon de voir actuelle et le titre : *Rien ne saurait le surprendre ni le charmer,* groupées ensemble dans le premier quatrain, à savoir : les comètes, les armées étrangères, les flottes imposantes et les bêtes féroces, changées dans nos vers en légers hôtes des bois ; dans le second les choses charmantes, car les discours d'amour, que nous avons définis *menson-gers* par suite de notre excellente éducation, y sont dits seulement d'un *style orné*.

Ce sonnet est une imitation très-heureuse, selon les annotateurs, d'un sonnet alors fameux de Guido Cavalcanti, poëte contemporain du Dante : nous le donnons avec la traduction que nous en avons faite.

Beltà di donna e di saccente core
E cavalieri armati che sian genti,
Cantar d'augelli e ragionar d'amore,
Adorni legni in mar forti e correnti.

Aria serena quando appar l'albore
E bianca neve scender senza venti,
Riviera d'acqua e prati d'ogni fiore,
Oro e argento, azzurro in ornamenti;

Passa la gran beltate, e la piacenza
Della mia donna in suo gentil coraggio,
Sì che rassembra vile a chi ciò sguarda.

E tanto ha più d'ogni altra conoscenza
Quanto lo cielo della terra è maggio.
A simil di natura ben non tarda.

Grâces de femme avec généreux cœur,
Beaux chevaliers qui s'arment pour l'honneur,
Refrains d'oiseaux, disputes amoureuses,
Vaisseaux courant sur les vagues houleuses ;

Aube naissante amenant la fraîcheur,
Rivière bleue et pré vert tout en fleur,
Neiges du ciel tombant silencieuses,
Or et couleurs des étoffes soyeuses ;

Tout paraît vil auprès de la beauté,
Du noble esprit, de l'agrément vanté
Que chez ma Dame on voit si l'on regarde ;

Et de chacune autant plus la connaît,
Que de la terre est le ciel plus parfait.
Telle nature à réussir ne tarde.

Retournons au sonnet de Pétrarque : il captive dans son allure un peu gothique plus que ceux qui ont servi de prototype au grand style des modernes. Le premier tercet cependant est d'une construction grammaticale singulière et il se torture pour être désagréable à l'oreille ; ces bizarreries nous font réfléchir malgré nous :

Nè altro sarà mai ch'al cor m'aggiunga
Sì seco il seppe quella seppellire
Che sola agli occhi miei fu lume e speglio.

L'original, par cette *allittération* de l'*s* (s'il est permis de parler ainsi), n'a-t-il pas voulu imiter le travail des fossoyeurs? — Quant à nous, en *creusant* cette sépulture nous sommes arrivée à l'*étoile* qui, dit-on, fit reconnaître à notre roi François Ier la tombe de la belle Laure... mais où? Un des beaux paysages historiques qui longent la galerie de Diane, décorée du temps de Louis XVIII dans un des châteaux de Fontainebleau, représente cette découverte dans le site de Vaucluse; on a cependant beaucoup parlé de l'église Sainte-Claire à Avignon. J'ai habité Avignon deux ans, j'y ai entendu parler de l'existence de cette tombe à des personnes jeunes qui l'avaient peut-être lu dans quelque almanach; mais jamais quelqu'un de sérieux, littérateur, archéologue, prêtre ou *cicerone*, ne m'a proposé de me la faire connaître.

De plus, j'ai visité comme étant le lieu de la célèbre entrevue du poëte et de sa dame, cette église gothique de Sainte-Claire (1), haute, vaste, d'une belle proportion et alors abandonnée au point que les ogives en étaient sans vitrage; on m'a montré dans une chapelle une fabrique de grandes glaces

---

(1) Il me semble voir encore cette église, mais?....

ou de lames de métal... Aurais-je perdu mémoire du tombeau de Laure?

Avignon dut à M. Mahul, mon mari, la restauration de son académie, mais avec ou sans académie, les Avignonais, et pour la poésie plus encore les Provençaux, leurs si proches voisins d'au-delà de la Durance, ou même des amateurs distingués en divers genres d'Apt, de Carpentras, d'Orange, de l'Isle (véritable île de la Sorgue qui est un bijou naturel), s'adonnaient avec succès aux lettres et prenaient leurs passe-ports pour le Parnasse à la fontaine de Vaucluse..... Comment cette tombe de Madame Laure, abritée par les voûtes de Sainte-Claire, n'eût-elle pas été couverte de fleurs en tout temps, au moins de leurs fleurs poétiques? Constatons qu'au temps de Louis XVIII, et dès la fin du règne de Napoléon Ier, il y avait eu recrudescence dans le souvenir de l'illustre Toscan, hôte de la France, plus peut-être dans celui de la noble Française qui le captiva : l'artiste qui fit le grand paysage commandé pour Fontainebleau ne dut pas travailler au hasard... Cette tombe a donc pu être retrouvée à Vaucluse : une étoile la décorait. J'arrive à dire, ce qui est connu dans cette histoire, à savoir que c'était le blason de Madame de Sade; on en démêle la trace dans les sonnets, moins que de son nom de Laure qui revient sous tant de formes, mais plus que de son nom de Noves.

François Ier fit à cette occasion et devant ce tombeau des vers qui ont quelque analogie avec le sonnet : *Quand'io movo i sospiri a chiamar voi,* duquel nous avons donné une double traduction ; de mon temps toute notre jeunesse les savait par cœur. Aujourd'hui on sait énormément de choses, la mythologie indienne par exemple, mais j'ai lieu de croire que nos lecteurs, du moins d'au-delà des Alpes, ne connaissent pas ces vers du trop chevaleresque roi qui, malgré son courage personnel, se fit vaincre en Italie et emprisonner en Espagne, et que pour se consoler on nomme : *le père des lettres.*

> En petit lieu compris vous pouvez voir
> Ce qui comprend beaucoup par renommée.
> Plume, labeur, la langue et le savoir
> Furent vaincus de l'amant par l'aimée.
> O gentille âme, étant tant estimée,
> Qui te pourrait louer qu'en se taisant ?
> Car la louange est bientôt réprimée
> Quand le sujet surmonte le disant.
>
> (FRANÇOIS I{er} et TRADUCTRICE.)

Sonnet : *Passato è 'l tempo omai, lasso ! che tanto,*
page 137.

Nous avons rendu la version la plus usitée : *la penna e 'l pianto*, la plume et le chagrin ou les larmes. L'autre leçon est : *la pena e 'l pianto :* la peine et les pleurs.

Sonnet : *E questo 'l nido in che la mia fenice,*
page 139.

Là brillaient ses plumes dorées,

J'ai renoncé à rendre en français une phrase qui plaît beaucoup aux Italiens : *È questo 'l nido*, ecc., *mise l'aurate e le purpuree penne.* On dit en langue italienne *mettre les plumes* comme on dit en français *mettre ses dents* en parlant des bébés.

(Traductrice.)

D'où tu pris ton vol vers les cieux.

Biagioli, toujours fécond en idées élevées, pense que cette expression *l'ultimo volo*, le dernier vol, prouve que Laure, par de continuels élans, élevait son cœur vers le ciel où tendaient toutes ses actions. Il base sur ce sonnet entre autres son opinion que Laure mourut à Vaucluse. Ce dut être tout au moins, selon nous, dans un site champêtre fort rapproché. (Biagioli.)

Sonnet: *Questo nostro caduco e fragil bene,* p. 145.

Notre traduction : *ce peu qui lui convint de vue,* équivaut au commentaire par lequel Castelvetro relève l'exquise délicatesse de la formule de Pétrarque qui semble exprimer dans les deux derniers vers qu'il ne reçut la vue et n'en usa que pour regarder Laure, mais seulement autant qu'il plaisait au chaste regard d'elle-même.

(Castelvetro.)

Sonnet : *O tempo, o ciel volubil che fuggendo,* page 146.

Mon aile s'élevait.....

L'aile est donnée au temps, au ciel dans le texte ; on l'a transportée à l'âme par une licence fréquente dans les traductions.

(Traductrice.)

SONNET : *Del cibo onde il signor mio sempre abbonda,* page 149.

Muratori, le plus lucide des commentateurs, loue en ces termes ce sonnet à la suite du précédent :
« Fais, cher lecteur, un bon accueil à cette autre description des apparitions de Laure. »

(MURATORI.)

Ce qu'elle a d'inattendu et de frappant n'échappa point à un homme, ami des arts, qui sut se l'approprier d'une façon plus simple. M. Guizot, dans un tableau commandé à Scheffer auquel le monde protestant servait de Mécène, fit revivre ce sonnet. Sa seconde femme, Élisa Dillon, digne émule de ses travaux littéraires, et presque son élève, dont de ruisselants cheveux d'or et les plus intelligents et grands yeux, mais bleus, faisaient une séduisante et angélique créature malgré quelques imperfections, et que le choléra lui enleva après peu d'années de mariage, y représenta la belle Laure, et les traits réguliers, les superbes yeux noirs du ministre de Louis-Philippe le transformèrent en Pétrarque, quoique trop fluet. Pétrarque et

Laure étaient en réalité presque du même âge ; mais la gravité de la profession, la célébrité et les précoces cheveux blancs du chantre, lui firent prendre vis-à-vis de celle qu'il immortalisait un ton d'aînesse et laissèrent dans l'esprit des contemporains comme des neveux une impression analogue aux vingt ans que M. Guizot, beaucoup plus jeune que sa première femme (plus connue dans les lettres quoique moins savante), avait de plus que cette seconde, mère des enfants existants.

Elle aussi pouvait lui dire ces paroles du dernier tercet :

A quoi sert le savoir s'il ne te réconforte?

Nous ferons remarquer à leur occasion que, dans la plupart des sonnets funèbres où il a fait parler sa dame, Pétrarque lui a prêté, comme le Dante à ses morts, un style bref, saccadé, un laconisme et un tour ancien qui ajoutent à l'effet de cette intervention du monde éteint dans le monde vivant. Il était fort difficile de frapper ainsi l'imagination en conservant la forme si précise du sonnet: plus aisément ceux qui ont travaillé pour la scène ont réussi en faisant parler les morts, les génies ou les démons en prose à travers les rimes ou en rimes à travers la prose, ou en changeant la mesure des vers. Que ce soit une inspiration de l'art, une imitation du Dante, ou que tout bonnement la phraséologie de la noble dame se trouvât intrinsèquement plus simple et plus ancienne que le style de la *Renaissance* qui perce pour nous dans l'imitateur d'Ovide, fanatique de Cicéron, et que Pétrarque fît parler à Laure son vrai style, l'effet de ces courtes interpellations est très-saisissant.

(Traductrice.)

Sonnet : *Gli angeli eletti e l'anime beate*, p. 151.

Ce sonnet est, à notre avis, le plus beau, du moins de ceux traduits dans ce recueil, si ce n'est du *Canzoniere*. Il a atteint le sublime. Voici ce qu'en dit le grand commentateur Muratori. « Compte-le pour un des plus beaux de notre auteur, et dis, si tu veux, qu'il a peu de pareils. »

(Muratori et Traductrice.)

Sonnet : *Dicemi spesso il mio fidato speglio*, p. 155.

On ignore la date précise de ce sonnet, ne fixant que celle d'une trentaine. Pétrarque mourut en

1374, âgé de 70 ans, à Arqua près de Padoue, où l'on visite son tombeau et la maison où il demeura depuis 1370, s'étant fixé dans cette petite ville presque par hasard à la suite d'une visite à des moines Augustins qu'il y fit en 1369, et s'étant trouvé empêché de se rendre à Rome par une grave maladie. Dans cet intervalle il en fit plusieurs autres, mais encore des voyages.

C'est parmi les Italiens qu'on doit puiser des lumières sur la vie publique de Pétrarque ; chez eux qu'on trouve des éditions et des traductions de ses lettres et de ses traités. Un certain Levati a publié en quatre volumes un ouvrage d'une lecture facile et agréable intitulé : *Voyages de Pétrarque*, et la connaissance des luttes de ces époques, comme du caractère des grands Toscans qui les illustrèrent, fait apprécier avec lucidité en Italie le côté politique de cette existence si remplie de missions importantes, de péripéties, de persécutions et d'ovations, y compris le solennel triomphe à Rome en 1341 où le poëte, revêtu d'or et de pourpre et porté sur un de ces chars imités des anciens, reçut au Capitole la couronne de laurier : tout cela est mieux compris dans ces régions que chez nous. — Mais s'agit-il de l'histoire amoureuse du fidèle admirateur de madame Laure et des conjectures qu'inspire la lecture du *Canzoniere*, il faut à toute force recourir aux ouvrages français, aux littérateurs de Vaucluse et d'Aix : les Italiens n'y entendent rien, raisonnent d'après leurs mœurs et tirent à perte de vue des conséquences dont le point de départ est habituellement faussé par l'ignorance des traditions locales et plus encore peut-être par celle du caractère féminin français.

SONNET : *Volo con l'ali de' pensieri al cielo*, p. 156.

. . . . . Mes vœux, prosterné,
Sont que les voir sans cesse à mes yeux soit donné.

L'original dit : *priant que je reste à voir et l'un et l'autre visage*, ce qui suggère au commentateur Soave cette réflexion, digne d'une sincère piété, que le visage de Dieu et celui de Laure se trouvent mal à propos sur la même ligne.

(SOAVE.)

SONNET : *Dolci durezze e placide repulse*, p. 157.

Ce sonnet est fort exact, des plus exacts comme traduction, et cependant il vint, chose singulière, sous notre plume avec une inspiration tout autre que celle de bien rendre les vers du respectable et respectueux Pétrarque. A l'époque où en France nous l'écrivîmes, y régnait une déplorable habitude de persiflage que, silencieuse, nous imitâmes comme réponse en *à parte* à quelqu'un de ces hommes des mieux élevés chez qui le travers de taquiner ou même heurter grossièrement les dames était devenu endémique, chronique si vous voulez. Non-seulement, sur les vagues confins de la galanterie et de la politesse, ils avaient pris l'habitude de refuser ce qu'on ne demandait pas, mais en toute circonstance d'affaires, de service, de complaisance quelconque (comme ce fut cette fois), ils devançaient toujours une prière supposée par un refus malhonnête exprimé du geste, du ton et du style. A une telle distance d'espace et de temps (ce sonnet figure tel quel dans notre édition de Paris, 1847), je trouve plaisant de constater ce persiflage féminin opposé au masculin et universel persiflage français. Avis aux Italiens s'ils ne désirent pas de voir les Italiennes dévorées de névralgies pour le plus grand profit des médecins et la plus grande gloire des nouvelles ressources de la science opposées à un mal moral si facile à éviter, nouveau fruit de l'inexpérience et d'une imprudente... cruauté. Je laisse le mot.

Voir la note suivante empruntée aux précédentes éditions.

SONNET : *Spirto felice che sì dolcemente,* p. 158.

. . . . . Amour et Courtoisie
Prirent leur vol ; clarté, flamme, chaleur
Au ciel manqua ; la mort fut sans horreur.

Ce passage rappelle celui du Dante dans la *Vita nuova* :

« O Mort, je t'estime une douce chose ! Oui, tu dois être désormais aimable, puisque tu as demeuré en ma dame. »

Mais aussi on peut l'entendre en ce sens que la mort est douce qui nous sépare d'un monde dont a fui l'amour, la courtoisie, la lumière.

(BIAGIOLI et TRADUCTRICE, première édition.)

Ce sonnet adressé à l'âme de Laure, mais, qui étant de la même catégorie que celui appelé : *Force de l'imagination dans la solitude,* aurait pu être intitulé : *Force du souvenir,* répondait à l'état de notre esprit lorsque, vivant dans la retraite, nous gémissions sur les déplorables transformations de la société française. Nous nous trouvâmes bien servie par le hasard qui faisait finir notre première publication sur les vers ci-dessus et les citations qui les accompagnent.

(TRADUCTRICE.)

SONNET : *Deh porgi mano all' affannato ingegno,*
page 159.

Soave prétend que, si le second vers de l'original est faible, c'est peut-être dans le dessein de rendre mieux l'abattement dont se plaint le poëte.
(SOAVE.)

Ajoutons à cette remarque judicieuse une observation que nous croyons être la première à émettre et qui est le fruit de notre admiration toute particulière pour le tour élevé, pompeux, sublime du premier quatrain.

De même que Pétrarque composa après coup le sonnet : *Voi ch' ascoltate in rime sparse,* pour servir de préface, non point au *Canzoniere,* mais selon nous aux sonnets composés du vivant de madame Laure, car autrement il n'y eût pas employé l'expression de *vaine douleur* accolée à celles de *vaines espérances,* et eût mentionné la grandeur de sa perte, de même nous croyons que ce sonnet : *Deh porgi mano,* qui varie plus que d'autres de place dans les anciennes éditions, fut composé par lui soit pour servir de préface au recueil des sonnets écrits après la mort de sa dame, soit peut-être aux *Triomphes* où il parle d'elle d'un ton si relevé.

Pétrarque n'aura pas eu le temps de le colloquer à sa vraie place, et nul copiste, nul éditeur n'aura fait réflexion à l'allure de ce sonnet qui du début et du dernier hémistiche prend tout à fait la physionomie d'un proemio, d'une préface, d'un prélude.

Nous en avions déjà touché quelque chose dans notre seconde édition en annotant le sonnet : *Almo sol,* avec lequel il se rencontre sur d'autres points.

Sonnet : *La bella donna che cotanto amavi,* traduit page 175.

Gérard, ou *Gerardo,* frère de *Francesco Petrarca,* fils comme lui de *ser Petracco,* Florentin de condition honorable, que l'exil rendit pauvre, et d'une digne femme qu'on suppose s'être appelée *Eletta,* naquit en 1307 et probablement dans une petite terre de leurs parents, à quelques lieues de Florence, près de l'Ancisa, tandis que son aîné, pendant un exil plus rigoureux, était né en 1304 à Arezzo ; tous deux furent conduits à Avignon vers 1313. Gérard, uni d'une tendre amitié à Francesco, partagea les passe-temps mondains de sa jeunesse; mais, comme lui, avait semé dans son âme et dans son intelligence des notions qui portèrent leurs fruits. A travers de vains amusements une affection pure et élevée le captiva, comme l'amour de la belle Laure captivait son frère, mais dut être moins longue dans sa constance, puisque *sa dame* mourut en 1342, et que, vu leurs âges, il dut l'aimer plus tard.

Notre première édition porte :

« La dame à ton cœur si chère
« Subitement t'a quitté;
« Son esprit est remonté
« D'une aile sainte et légère. »

Cette version, peut-être plus coulante, est moins exacte et pourrait fausser l'idée qu'on se ferait d'une telle liaison, ce que notre jeune âge ne sut pas comprendre.

Subitamente s'è da noi partita, dit l'original ; elle a quitté ses concitoyens, ses compagnes, notre ville, nos églises,

E, per quel ch'io ne speri, al ciel salita,
Sì furon gli atti suoi dolci e soavi.

« Et sera, quant à moi je l'espère, au ciel montée, tant ses actions furent empreintes de bonne odeur et de placidité. »

Gérard se fit chartreux la même année à la chartreuse de Montrieux. Ce sonnet fait déjà pressentir ce total détachement et des sentiments pieux, assez marqués d'avance, pour que cette perte le déterminât, non par une secousse de violent désespoir, mais en lui rendant l'entière disposition de son cœur.

Pétrarque le visita à Montrieux, mais tard; comme il s'abstint longtemps de lui écrire, respectant cette vie contemplative qu'on prenait alors au sérieux et dont il remarquait avec admiration chez son frère un parfait modèle.

(PÉTRARQUE et TRADUCTRICE.)

SONNETS : *I' vidi in terra angelici costumi;* — *Quel sempre acerbo ed onorato giorno*, traduits p. 184 et 185.

Les sonnets sur *les larmes de Laure* se suivent au nombre de quatre.

Je ne sais quel annotateur a conclu du premier que Pétrarque était sans doute en colère contre Laure : quelle idée ! « Jupiter et César ne furent jamais si portés à frapper l'un avec la foudre, l'autre avec l'épée, que la pitié n'eût pu les en détourner... Ma dame pleurait, et mon seigneur voulut que je fusse la visiter. »

J'infère de ce premier sonnet et du suivant où l'on trouve

« Amour et bon sens, compassion tendre, »

Amor, senno, valor, pietate e doglia,

comme de l'ensemble du groupe, qu'il s'agissait de quelque circonstance d'importance, de quelque disgrâce éprouvée par la famille de Laure (et l'on sait qu'à ces époques on n'allait pas de main morte dans les affaires publiques), et que *ce seigneur*, que le poëte laisse supposer être l'Amour, fut peut-être l'un des protecteurs de Pétrarque qui conseilla cette visite pour voir à réparer ou à empêcher, en luttant d'influence, l'événement en question, lequel ne me paraît être ni une mort, ni une maladie, ni une querelle de ménage et moins encore d'amoureux.

(TRADUCTRICE.)

Sonnet : *Per mezzo i boschi inospiti e selvaggi*,
traduit page 188.

Notre première édition de 1847 contient deux sonnets traduits de ce même de Pétrarque et du suivant : *Mille piagge in un giorno e mille rivi*, seul reproduit en celle-ci; nous les y avions accompagnés de cette note :

« En 1333, et poussé comme il le dit lui-même par le désir de voir des choses nouvelles, Pétrarque fit un voyage en France et en Allemagne. De Paris il alla à Aix-la-Chapelle et à Cologne, et après cinq mois d'absence revint vers Avignon. Il traversa seul et à pied, par on ne sait quelle fantaisie de poëte, la forêt des Ardennes que rendait plus effrayante encore, vu que le duc Brabant et le comte de Flandres se disputaient alors la principauté de Malines, le passage des bandes armées, qui dans ces sortes de marches devenaient à cette époque de véritables bandes de brigands. »

(*Première édition.*)

En 1851, en proie à des souffrances incessantes et demeurant depuis le 7 mai 1848 dans les ténèbres, sorte de supplice incompréhensible à qui ne l'a pas éprouvé, qui ajoutait à celui de la maladie, plus par la privation des qualités vivifiantes de la lumière que par l'impossibilité de l'usage de la vue ; nous faisant de la musique et du fuseau notre unique distraction et encore limitée par certaines précautions, nous avons de nouveau rimé de mémoire le sonnet de *la forêt des Ardennes* pour le chanter avec accompagnement de piano à notre fantaisie sur l'air de Méhul qui se prête tellement au sujet que la romance de Florian, pour laquelle il fut composé et que le gracieux romancier du dix-huitième siècle colloqua dans la nouvelle chevaleresque de *Bliombéris*, semblerait une vague imitation de ce même sonnet. Je l'ai donnée comme telle dans l'édition de Florence, en faveur des Italiens qui sans doute ne la connaissent pas.

La célèbre forêt des Ardennes, l'antique Hercynie, est aussi le sujet d'une chanson, de ce que l'école romantique appellerait une ballade, et des plus longues, dont la musique sauvage devrait être citée comme un des types de notre ancienne musique nationale. L'exposition commence par ces vers :

> Tout au beau milieu des Ardennes
> Y a un château sur le haut d'un rocher;

puis un de ces refrains à l'ancienne en dehors du

sujet et placé dans la bouche des jeunes auditeurs, interrompt piteusement la narratrice à tous les couplets en gémissant ou soupirant :

— Hélas, ma bonne, hélas, hélas! que j'ai grand'peur!

Cette histoire de revenants qui, sans être un modèle de versification, ne manque pas d'instructions philosophiques ou historiques, fit pendant longues années les délices et l'effroi de toutes les veillées du château et de la chaumière dans nos provinces du Nord ; mais retournons à la muse plus douce de l'hôte de la Provence.

(Traductrice.)

Sonnet : *Arbor vittorioso e trionfale,* traduit p. 192.

Vera donna.......

Vraie et seule dame....

C'est la même idée que sous cette admirable expression de la canzone XIV : *Colei che sola a me par donna.* « Celle qui seule me semble à moi une femme. »

(Biagioli.)

Nous avons donné à ce sonnet de louanges la forme de l'ode, en modifiant toutefois ce titre, à cause de la familiarité des expressions, selon la forme introduite par nos poëtes mignards de la Renaissance, *odette*, et en ramenant à la fin l'éloge du laurier, nous avons été au-devant de cette critique de Muratori :

« On a raison de ne pas approuver que le poëte mette en avant ce laurier et passe ensuite aux louanges de Laure femme, laissant en quelque sorte son arbre comme dans une île. Du reste le sonnet commence par deux vers magnifiques, il a une allure élégante et des ornements nobles ; mais les vers du dernier tercet doivent surtout plaire. »

(MURATORI.)

Ce vœu que nous avons ajouté en développant l'idée que renferme le vers

Onor d'imperadori e di poeti,

est comme on dit en ce siècle, un vœu rétrospectif. Pétrarque, comme chacun sait, avait été solennellement couronné du laurier au Capitole en présence du peuple et du roi Robert, le jour de Pâques 1341. Quoiqu'il n'eût alors que trente-sept ans, et que ses œuvres (même son poëme de *l'Afrique*) ne fussent ni complètes ni retouchées, soin auquel il consacra toute sa vie, la couronne lui fut offerte en même temps et par l'Université de Paris, et par le roi de Naples, et par le sénat romain. Rome étant l'objet habituel de ses soupirs comme siège de la papauté, il dut en bon gibelin la préférer comme promotrice et témoin de son triomphe, dans les cérémonies duquel on vit confondus les souvenirs de l'antiquité et les inspirations du christianisme.

SONNET : *Sennuccio mio, benchè doglioso e solo*,
traduit page 199.

La traduction de ce sonnet a été faite avec négligence pour notre première édition, l'original ayant peu d'importance poétique ; mais comme, sous le rapport des notions scientifiques fort avancées dont il témoigne, il a au contraire une grande importance historique, nous nous étions proposé de le paraphraser sous une forme plus solennelle : il nous a été impossible, malgré le grave intérêt du sujet, de ne pas nous laisser influencer par le ton familier et persistant de Pétrarque avec son ami d'outre-tombe.

Si on se souvient du dialogue du poëte avec ses yeux, p. 37, on nous pardonnera de l'avoir mis en dialogue avec le lecteur.

SONNET : *Tempo era omai di trovar pace o tregua,*
traduit page 201.

Ce sonnet n'est pas le seul qui réponde à ce désir touchant et chaste de se faire de l'âge mûr un but d'espérance consolatrice dont témoigne le sonnet : *Se la mia vita dall' aspro tormento ;* la ruine de cet espoir, déjà si plein de résignation, est déplorée dans les sonnets CCLXXIV, CCLXXVI et ailleurs. C'est dans la douleur surtout que Pétrarque montre une affection profonde, unie à des habitudes d'esprit sages et modérées, à une âme douce et croyante.

(TRADUCTRICE.)

SONNET : *Donna che lieta col principio nostro,*
traduit page 204.

Tassoni prétend que Pétrarque contredit ici ce qu'il a dit dans les sonnets XIX, LVIII, etc., mais surtout dans la sextine I, de la nature de son amour. Biagioli le relève par quelque belle réflexion sur l'amour platonique seul digne, selon lui, de leur auteur. Une simple remarque mettra le poëte d'accord avec lui-même et répondra à chaque différent commentaire : c'est que l'on croit facilement que le sentiment qui vous domine vous a toujours dominé. S'agissant d'un homme qui n'était ni marié ni prêtre, n'est-ce pas déjà beaucoup qu'un peu de prudence chez une femme qu'il rencontrait quelquefois en ville et plus encore encore à Vaucluse, ait suffi à préserver leur jeunesse de toute faute, et qu'il faille feuilleter avec soin le *Canzoniere* pour trouver la trace même d'une imagination légère, tandis que, comme nous le faisions remarquer en citant le sonnet : *Se la mia vita*, la plupart des poésies juvéniles de Pétrarque témoignent de l'honneur, de la droiture et de la conscience dans la passion, et que celles composées dans sa maturité font comprendre combien sa passion avait été vive et surtout vivace puisqu'elle fut si longue?

(TASSONI, BIAGIOLI et TRADUCTRICE.)

SONNETS

DE LA PREMIÈRE ET DE LA DEUXIÈME ÉDITION NON REPRODUITS DANS CELLE-CI.

Nous pensons être agréable aux Pétrarquistes en donnant ici la liste des sonnets des deux premières éditions que nous n'avons pas jugé à propos de réimprimer dans celle-ci afin de ne point dépasser la moitié du nombre total, sans cependant vouloir nous abstenir de produire quelques sonnets inédits anciens et récents, et nous ajouterons au fur et à mesure quelques observations à cette liste.

L'édition de 1847, texte en regard, ne commence pas par le premier sonnet du *Canzoniere*, qui n'est qu'un préambule, mais par le second, qui ouvre l'histoire amoureuse du poëte : on le trouvera dans celle-ci page 11. Vient ensuite le sonnet fait à la même occasion :

> Era'l giorno ch'al sol si scoloraro
> Quel ch'infinita providenza ed arte.

C'est le premier sonnet de notre seconde édition de Florence 1867 : permis de chercher à ce choix quelque motif d'allusion politique.

A piè de' colli, ove la bella vesta.

Ce sonnet sert de principale base à l'opinion, plus brièvement développée en cette troisième édition, que Vaucluse fut le lieu de la naissance de Laure, disant aussi dans les notes des deux premières à cette occasion comme quoi plusieurs sonnets prouvent également que Vaucluse fut le lieu de sa mort.

> Quando 'l pianeta che distingue l'ore
> Se la mia vita dall' aspro tormento
> Quando fra l'altre donne ad ora ad ora
> Mille fiate, o dolce mia guerriera,
> Se l'onorata fronde che prescrive.

Adressé, comme celui : *Quelle pietose rime*, page 51, à Stramazzo, ce sonnet confirme l'impression du peu de sympathie de Pétrarque pour ce correspondant. La traduction a besoin de retouches ainsi que celle du suivant :

> Il successor di Carlo, che la chioma
> Quest'anima gentil che si diparte.

Ce sonnet se relie à celui : *Già fiammeggiava*, et à celui : *Apollo s'ancor vive*, relatifs à une même grave indisposition de la belle Laure.

> Io temo sì de' begli occhi l'assalto.

Traduit par de petits vers sur deux rimes dans la seconde édition, le sonnet étant d'allure badine.

> S'Amore o Morte non dà qualche stroppio

> Quando dal proprio sito si rimove
> Ma poi che 'l dolce riso umile e piano.

Les premiers de la série de trois sur les mêmes rimes dont le dernier, reproduit ici pour les améliorations qu'il exigeait, se lit page 23.

> Quel che 'n Tessaglia ebbe le man sì pronte
> Se mai foco per foco non si spense
> Perch' io t' abbia guardata di menzogna
> Poco era ad appressarsi agli occhi miei
> Lasso! che mal accorto fui da prima
> L'aspetto sacro della terra vostra
> Io non fu' d'amar voi lassato unquanco,
> Più volte Amor m'avea già detto : scrivi,
> Quella fenestra, ove l'un sol si vede
> Lasso! quante fiate Amor m' assale,
> La donna che 'l mio cor nel viso porta.

Quatre sonnets sur les *saluts* de Laure! Ces deux-ci sont plus gracieux que ceux donnés pages 44 et 45; mais ils ont une allure plus ordinaire, et nous avons cette fois préféré les autres comme échantillon de facture pour suppléer, en ce genre un peu bizarre, à différents sonnets éliminés tels que : *Poco era ad'appressarsi*, etc. sans compter que celui page 45 est inédit.

> Qui dove mezzo son, Sennuccio mio,
> Amor, Fortuna, e la mia mente schiva
> Io canterei d'Amor sì novamente
> Amor m' ha posto come segno a strale
> Amor che nel pensier mio vive e regna
> Come talora al caldo tempo suole
> Non Tesin, Po, Varo, Arno, Adige e Tebro
> Non d'atra e tempestosa onda marina
> Lieti fiori e felici, e ben nate erbe

> Po, ben puo' tu portartene la scorza
> Se 'l dolce sguardo di costei m' ancide
> Questa Fenice dell' aurata piuma
> Se Virgilio ed Omero avessin visto
> Giunto Alessandro alla famosa tomba
> Una candida cerva sopra l' erba
> L' aura serena che fra verdi fronde
> Mia ventura ed Amor m'avean sì adorno.

Ce sonnet fait suite aux deux sur le gant perdu par Madame Laure : plus estimé comme versification, il a selon nous moins de grâce, l'impromptu étant plus adapté à un semblable sujet que des regrets sérieux versifiés à loisir.

> Voglia mi sprona; Amor mi guida e scorge.

Procédant par énumération, ce sonnet ressemble à plusieurs autres : son mérite exceptionnel est de contenir la date de la rencontre de la belle Laure dans ce vers : *Mille trecento ventisette appunto.*

> Tra quantunque leggiadre donne e belle
> Aura, che quelle chiome bionde e crespe
> Già desiai con sì giusta querela
> Cantai, or piango; e non men di dolcezza
> I'piansi, or canto; che' l celeste lume...

La singularité du second des deux précédents sonnets, faisant suite au premier, beaucoup mieux conduit, nous a portée à les rimer tous deux sur une mesure bizarre de notre invention, propre à être mise en musique, quoique assez peu mélodieuse en elle-même ; le tout a un air de plaisanterie inspiré par les *concetti* trop exagérés de l'original.

> I'mi vivea di mia sorte contento
> Qual ventura mi fu, quando d'all'uno
> Mira quel colle, o stanco mio cor vago.

Le sonnet *Fresco, ombroso, fiorito e verde colle*, page 99, fait suite à ce dernier.

> Il mal mi preme e mi spaventa il peggio
> Due rose fresche e colte in paradiso.

Sonnet de construction grammaticale si singulière qu'elle a selon nous induit en erreur tous les interprètes de Pétrarque. Une femme pouvait peut-être plus facilement qu'un grave commentateur en deviner le vrai sens, que nous avons cherché à rétablir sous un aspect entièrement nouveau dans nos deux premières éditions.

> L'aura, che l'verde Lauro e l'aureo crine.

Le septième et le huitième vers sont déjà corrigés ainsi dans nos manuscrits :

> Faites, grands Dieux, selon notre âge,
> Avant les siens mes jours finir!

Chi vuol veder quantunque può Natura
Solea lontana in sonno consolarme
Cara la vita, e dopo lei mi pare.

APRÈS LA MORT DE LA BELLE LAURE.

(In morte di Madonna Laura.)

Mai non fu' in parte ove sì chiar vedessi
Gli occhi di ch'io parlai sì caldamente

Due gran nemiche insieme erano aggiunte
Quel rossignuol che sì soave piagne
Mente mia che presaga de' tuoi danni
S'onesto amor può meritar mercede
Quel che d'odor e di color vincea
Conobbi, quanto il ciel gli occhi m'aperse
Spinse Amor e dolor ove ir non debbe.

Fait suite au sonnet donné page 150.

E' mi pare d'ora in ora udire il messo
Morte ha spento quel Sol ch' abbagliar suolmi,
Tennemi Amor anni ventuno ardendo
I' vo piangendo i miei passati tempi.

TABLE ALPHABÉTIQUE

DES 159 SONNETS TRADUITS DANS CE RECUEIL.

DU VIVANT DE LAURE (In vita di Madonna Laura).

	Pages
Almo sol, quella fronde ch'io sola amo.	73
Amor che vedi ogni pensiero aperto.	62
Amor con la man destra il lato manco.	95
Amor con sue promesse lusingando.	33
Amor ed io sì pien di maraviglia.	61
Amor mi manda quel dolce pensero.	66
Amor, Natura e la bell'alma umile.	72
Apollo, s'ancor vive il bel desio.	20
Arbor vittoriosa e trionfale.	192
Aspro core e selvaggio, e cruda voglia.	107
Avventuroso più d'altro terreno.	44
Beato in sogno e di languir contento.	85
Benedetto sia 'l giorno e 'l mese e l'anno.	30
Cercato ho sempre solitaria vita.	105
Come 'l candido piè per l'erba fresca.	64
Dell'empia Babilonia ond'è fuggita.	47
Dodici donne onestamente lasse.	94
Dolci ire, dolci sdegni e dolci paci.	82
D'un bel, chiaro, polito e vivo ghiaccio.	81
Erano i capei d'oro all'aura sparsi.	39

	Pages
Fresco, ombroso, fiorito e verde colle.	99
Geri, quando talor meco s'adira.	71
Già fiammeggiava l'amorosa stella.	19
Gloriosa Colonna in cui s'appoggia.	14
Grazie ch'a pochi il ciel largo destina.	86
I begli occhi ond' i' fui percosso in guisa.	32
I dolci colli ov' io lasciai me stesso.	84
Il cantar novo e 'l pianger degli augelli.	88
Il figliuol di Latona avea già nove.	23
Il mio avversario, in cui veder solete.	24
In mezzo di due amanti onesta, altera.	48
In nobil sangue vita umile e queta.	87
In qual parte del cielo in quale idea.	60
In quel bel viso, ch'i sospiro e bramo.	104
Io sentia dentr' al cor già venir meno.	26
Io son dell' aspettar omai sì vinto.	41
Io son sì stanco sotto 'l fascio antico.	36
Ite, caldi sospiri, al freddo core.	58
I' vidi in terra angelici costumi.	184
La bella donna che cotanto amavi.	175
La gola e 'l sonno e l'oziose piume.	13
La guancia che fu già piangendo stanca.	28
L'alto signor, dinanzi a cui non vale.	98
L'arbor gentil che forte amai molt' anni.	29
La sera desiar, odiar l'aurora.	190
Lasso! ben so che dolorose prede.	43
L'avara Babilonia ha colmo il sacco.	55
L'aura gentil che rasserena i poggi.	77
L'aura soave ch'al sol spiega e vibra.	78
Le stelle e 'l cielo e gli elementi a prova.	59
Liete e pensose, accompagnate e sole.	91
L'oro e le perle, e i fior vermigli e i bianchi.	25
Mille piagge in un giorno e mille rivi.	70
Movesi 'l vecchierel canuto e bianco.	15
Non pur quell'una bella ignuda mano.	80

	Pages
O bella man, che mi distringi 'l core.	79
Occhi, piangete, accompagnate il core.	37
O dolci sguardi, o parolette accorte.	103
O Invidia, nemica di virtute.	187
O misera ed orribil visione.	102
Onde tolse, Amor, l'oro e di qual vena.	89
Or che 'l cielo e la terra e 'l vento tace	63
Orso, e' non furon mai fiumi ne stagni	22
Parrà forse ad alcun, che 'n lodar quella.	100
Pasco la mente d' un sì nobil cibo.	76
Passa la nave mia colma d' obblio	74
Per far una leggiadra sua vendetta.	11
Per mezzo i boschi inospiti e selvaggi.	188
Per mirar Policleto a prova fiso.	34
Perseguendommi Amor al luogo usato	45
Piangete, donne, e con voi pianga Amore.	40
Pien di quella ineffabile dolcezza.	49
Pien d'un vago pensier che mi desvia.	67
Piovonmi amare lagrime dal viso	16
Più volte già dal bel sembiante umano.	68
Poi che 'l cammin m' è chiuso di mercede.	53
Poi che voi ed io più volte abbiam provato.	42
Ponmi ove 'l sol occide i fiori e l' erba.	57
Qual donna attende a gloriosa fama.	106
Qual mio destin, qual forza o qual inganno.	90
Qual paura ho quando mi torna a mente.	101
Quand' io movo i sospiri a chiamar voi. . . . . 169 et	170
Quando Amor i begli occhi a terra inchina	65
Quando giunse a Simon l' alto concetto.	35
Quando 'l sol bagna in mar l' aurato carro.	92
Quando mi viene innanzi il tempo e 'l loco.	69
Quanto più desiose l' ali spando.	56
Quelle pietose rime, in ch' io m'accorsi.	51
Quel sempre acerbo ed onorato giorno.	185
Quel vago impallidir che 'l dolce riso.	52
Rapido fiume che d' alpestra vena.	83
Real natura, angelico intelletto.	97

	Pages
S'amor non è, che dunque è quel ch' i' sento?	54
Se col cieco desir che 'l cor distrugge	27
Se 'l sasso ond' è più chiusa questa valle	50
Sennuccio, i' vo' che sappi in qual maniera	46
Se voi poteste per turbati segni	31
Signor mio caro, ogni pensier mi tira	108
Sì tosto come avvien che l' arco scocchi	38
Sì traviato è 'l folle mio desìo	12
Solo e pensoso i più deserti campi	24
Sono animali al mondo di sì altera	17
Stiamo, Amor, a veder la gloria nostra	75
S'una fede amorosa, un cor non finto	93
Vergognando talor ch' ancor si taccia	18
Vincitore Alessandro l' ira vinse	96

APRÈS LA MORT DE LA BELLE LAURE

(In morte di Madonna Laura).

Alma felice che sovente torni	118
Amor che meco al buon tempo ti stavi	130
Anima bella, da quel nodo sciolta	131
Che fai, che pensi? che pur dietro guardi	114
Deh porgi mano all' affannato ingegno	159
Deh qual pietà, qual angel fu sì presto	148
Del cibo onde 'l signor mio sempre abbonda	149
Dicemi spesso il mio fidato speglio	155
Dolce mio caro e prezioso pegno	147
Dolci durezze e placide repulse	157
Donna che lieta col principio nostro	204
È questo il nido in che la mia fenice	139
Fu forse un tempo dolce cosa amore	150

	Pages
Gli angeli eletti e l'anime beate...............	151
I'mi soglio accusare ed or mi scuso..............	125
Ite, rime dolenti, al duro sasso...............	143
L'alma mia fiamma oltra le belle, bella...........	121
L'alto e novo miracol ch'a' dì nostri............	134
La vita fugge, e non s'arresta un' ora...........	113
L'aura e l'odore e 'l rifrigerio e l'ombra.........	141
L'aura mia sacra al mio stanco riposo...........	152
Levommi il mio pensiero in parte ov' era..........	129
Nell' età sua più bella e più fiorita............	116
Nè mai pietosa madre al caro figlio............	119
Nè per sereno ciel ir vaghe stelle..............	136
Non può far Morte il dolce viso amaro...........	154
Occhi miei, oscurato è il nostro sole............	115
Ogni giorno mi par più di mill' anni............	153
Oimè il bel viso! oimè il soave sguardo!..........	111
Or hai fatto l'estremo di tua possa.............	140
Ov' è la fronte che con picciol cenno............	126
O tempo, o ciel volubil che fuggendo............	146
Passato è 'l tempo omai, lasso! che tanto..........	137
Quand'io veggio dal ciel scender l' Aurora.........	122
Quanta invidia ti porto, avara terra............	127
Quella per cui con Sorga ho cangiato Arno.........	133
Quel sol che mi mostrava il cammin destro.........	132
Quel vago, dolce, caro, onesto sguardo...........	142
Questo nostro caduco e fragil bene.............	145
Rotta è l' alta Colonna e 'l verde Lauro..........	112
Se lamentar augelli, o verdi fronde.............	117
Sennuccio mio, benchè doglioso e solo...........	199
Se quell' aura soave de' sospiri...............	120
S'io avessi pensato che sì care...............	123

	Pages
Soleasi nel mio cor star bella e viva.	124
Spirto felice, che sì dolcemente.	158
Tempo era omai di trovar pace o tregua.	201
Tornami a mente, anzi v'è dentro, quella.	144
Tutta la mia fiorita e verde etade.	138
Vago augelletto che cantando vai.	206
Valle che de' lamenti miei se' piena.	128
Volo con l'ali de' pensieri al cielo.	156
Zefiro torna, e 'l bel tempo rimena.	135

TABLE DES POÉSIES DIVERSES TRADUITES DE PÉTRARQUE.

Canzoni.

In quale parte dov'Amor mi sprona.	177
Che debb' io far? che mi consigli Amore?	194

Sextines.

Alla dolce ombra delle belle frondi.	182
L'aere gravato e l'importuna nebbia.	173

Ballades.

Lassare 'l velo o per sole o per ombra.	171
Amor quando fioria.	203

Madrigaux.

Or vedi, Amor, che giovinetta donna.	176
Perch' al viso d'Amor portava insegna.	172

	Pages
Avertissement de la présente édition.	5
Invocation, sonnet de la traductrice.	9
Poésies diverses, traduites de Pétrarque.	161
Avertissement de l'appendice de poésies diverses et petite dissertation littéraire.	163
Variantes et corrections.	209
Notes avec chiffres de renvois.	219
Citations de commentateurs italiens, commentaires de la traductrice et notes biographiques.	231
Vers latins de Pétrarque sur Vaucluse et leur traduction (parmi les commentaires).	306
Sonnet de Guido Cavalcanti et sa traduction (parmi les commentaires).	311
Liste raisonnée des sonnets des deux premières éditions non réimprimés dans la présente.	335

FIN DE LA TABLE.

OUVRAGES DE LA MÊME

Le Théâtre sans parterre, sous les initiales S. D. — Ce recueil en trois publications réunies sous un seul titre contient : *Lys et rose, ou Joakim*, mystère en cinq actes et en vers. Quatre comédies en prose. *La Minerve de Pygmalion et le Compère*, opéras mêlés de prose et de vers. — Paris, Didot, 1859.

L'Homme délicat, par S. E. D. Mahul. — Comédie-lecture en vers alexandrins, quatre époques et cinq actes intitulés : *Le retour du bal masqué; Le retour du bal d'enfants; l'article de journal; L'isolement et En famille.* — Turin, 1864, Héritiers Botta. — Se trouve à Naples chez Detken; à Florence chez Bettini et dans diverses villes d'Italie.

Les Amis de la Signora, par S. E. D. Mahul. — Comédie en un acte et en prose. — Florence, 1866, Héritiers Botta. — Se trouve dans les mêmes librairies italiennes.

Poésies politiques sur les événements d'Italie et appendices, par Mme S. Emma Mahul des comtes Dejean. — Turin, 1862, Héritiers Botta. — Non mis en vente.

Album sicilien, par Mme Emma Mahul, etc., Florence, 1863, Héritiers Botta. — Non mis en vente.

La Saint-Louis à Rome en 1866, poëme par Madame, etc. — Florence, Héritiers Botta, 1868. — Non mis en vente.

Vie du général Roze, racontée par Madame, etc. Roman historique, accompagné d'une notice sur le chevalier Roze, par M. P. Autran de l'Académie de Marseille. — Florence, Héritiers Botta, 1868.

Paris. — Imprimerie Adolphe Lainé, rue des Saints-Pères, 19.

www.ingramcontent.com/pod-product-compliance
Lightning Source LLC
Chambersburg PA
CBHW070905170426
43202CB00012B/2204